I0625565

www.ingramcontent.com/pod-product-compliance
Lightning Source LLC
Chambersburg PA
CBHW041113120626
46547CB00019B/2693

9781967441907

مسجل لدى: المكتبة الوطنية

برقم: (394) 1969

شكر وتقدير

في نهاية هذه الرحلة الفكرية التي اختتمها هذا الكتاب، لا يسعني إلا أن أعبر عن امتناني العميق للسيد مروان خالد صيفي، الذي كان له دورٌ محوري في تقديم الدعم والإلهام، وللسيدة مارغريت تورنر التي قدمت لي يد العون بكل إخلاص واهتمام خلال مراجعة هذا الكتاب. كما أود أن أوجه جزيل الشكر للسيد كمال عزاب، المدير العام لمؤسسة الخليج، إذ لم يبخل عليّ بتوجهاته الحكيمة ورؤيته الثاقبة التي ساهمت في إتمام هذا العمل.

قريبًا

تحدي جديد نحو قارة إفريقيا والمحيط الهندي

قصة سباق باريس - ريونيون

سباق الطائرات بين الجزر

QATAR
صقر الخليج

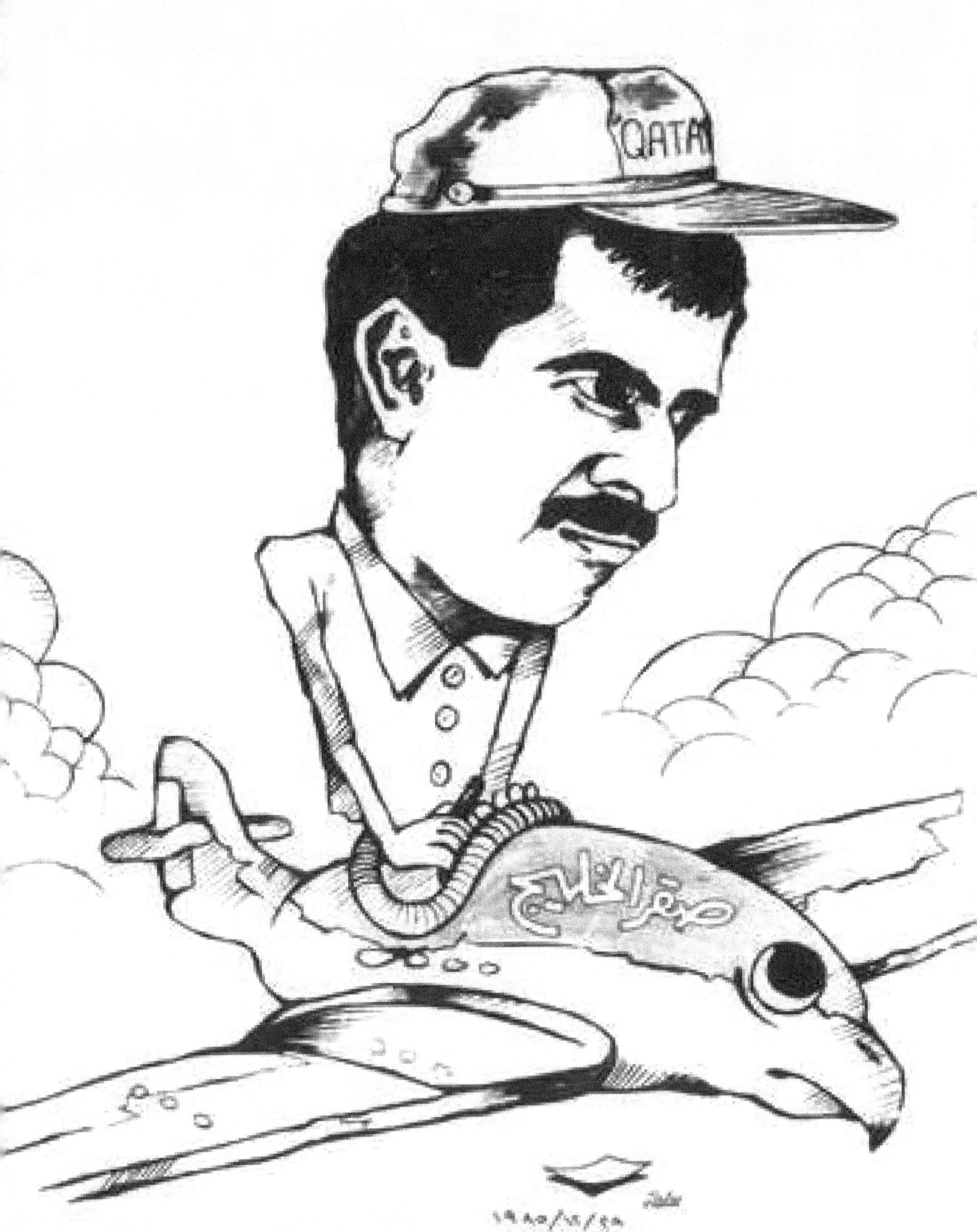

نبذة عن المؤلف

حمد علي جبر آل ثاني

- الابن الأكبر للشيخ علي بن جبر آل ثاني، وُلد في عام 1959.

- بدأ تعلم الطيران في مدينة نابا بولاية كاليفورنيا عام 1979.

- معتمد ومؤهل للطيران بأنواع معينة من الطائرات، مثل B707، B737، وL-1011.

- حصل على درجة البكالوريوس والماجستير في إدارة الطيران من جامعة إمبري ريدل للطيران.

- عمل نائبًا لمدير إدارة الطيران المدني في الفترة بين 1981 و1988.

- حاصل على دبلومات في مجالات حوادث الطائرات، سلامة الطيران، وتشغيل المطارات.

- شارك في العديد من السباقات الجوية الدولية، وحقق خلالها 16 رقمًا قياسيًا حول العالم.

- يُعد عضوًا نشطًا في العديد من الجمعيات العالمية للطيران.

- الشيخ حمد متزوج وله ابنتان، فاطمة ومريم، وهو يتمتع بشغف كبير بعالم الطيران والسفر.

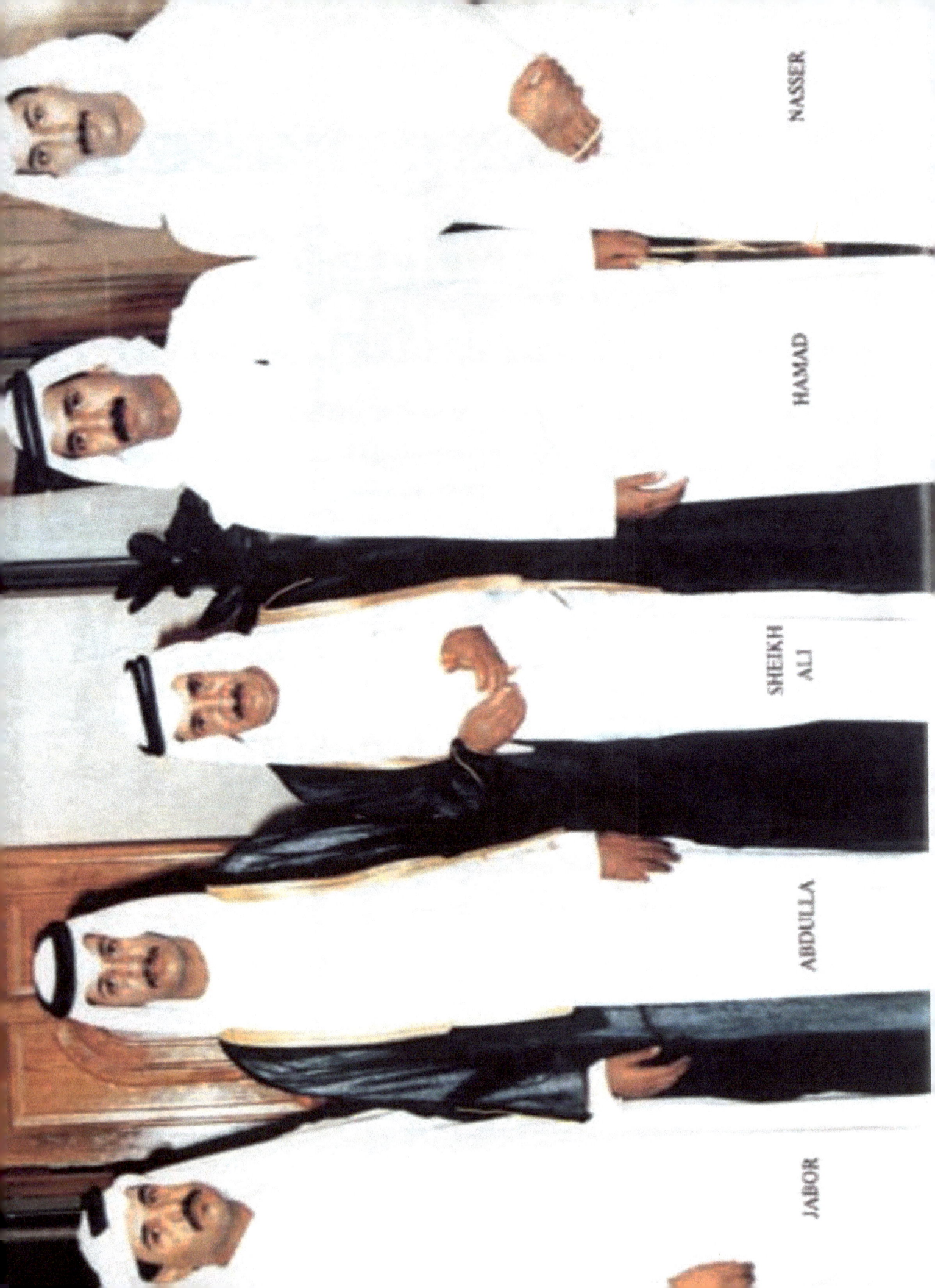

JABOR
ABDULLA
SHEIKH
ALI
HAMAD
NASSER

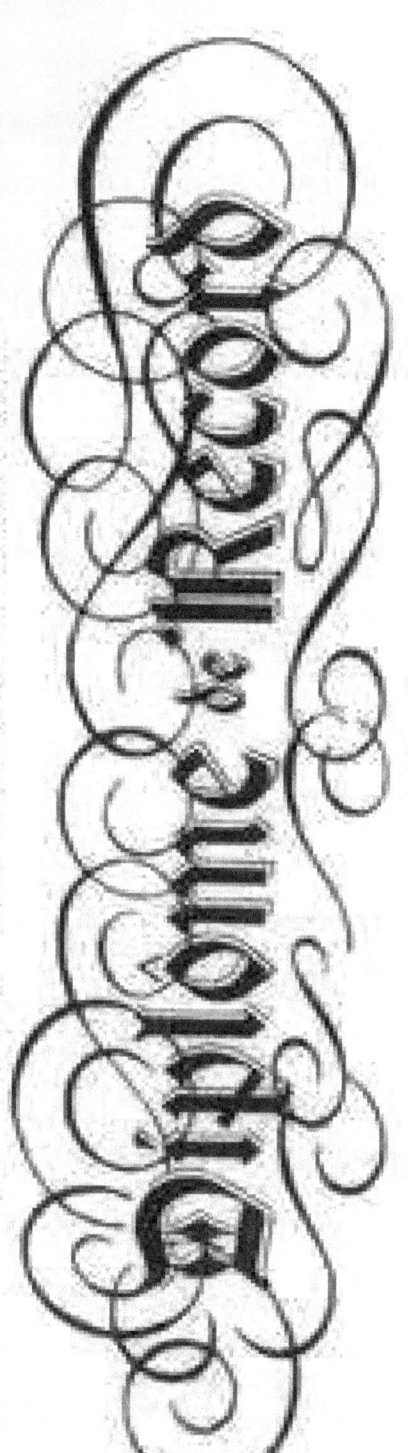

FÉDÉRATION AÉRONAUTIQUE INTERNATIONALE

Diplôme de Record

NOUS SOUSSIGNÉS CERTIFIONS QUE Hamad Ali Jaber Al-Thani (Qatar)

SUR Piper Seneca II, N1442H

A ÉTABLI LE 25/26 janvier 1986

LE RECORD DE LA F.A.I SUIVANT au monde par catégorie : Vitesse sur parcours reconnu

Honolulu - San Jose, California 322,6 km/h.

Classe C-1b, Groupe 1

POUR NAA

LE PRÉSIDENT

LE DIRECTEUR GÉNÉRAL DE LA F.A.I.

LE PRÉSIDENT DE LA F.A.I

National
Aeronautic Association

Representing in the United States of America

The Federation Aeronautique Internationale

awards this

Certificate of Record

to

Hamad Ali Jabor Al-Thani

for

U.S. National Record
Class C-1d, Piston Engine
Speed Over a Recognized Course
Doha, Qatar to Madras
Seneca II, N1442H
Elapsed Time: 10 hours 44 minutes 0 seconds
January 7, 1986

259 mph (506.72 kph)

[signature]
President

[signature]
Contest and Record Board

8. Singapore to Manila
    Speed: 239.04 kph (148.54 mph)
    Elapsed Time: 9 hours 58 minutes 00 seconds
    Date: January 16, 19865

9. Manila to Agana, Guam
    Speed: 264.24 kph (164.19 mph)
    Elapsed Time: 9 hours 43 minutes 00 seconds
    Date: January 18-19, 1986

10. Agana, Guam to Ponape
    Speed: 262.44 kph (163.08 mph)
    Elapsed Time: 6 hours 14 minutes 00 seconds
    Date: January 19-20, 1986

11. Ponape to Majuro
    Speed: 258.12 kph (160.40 mph)
    Elapsed Time: 5 hours 35 minutes 00 seconds
    Date: January 20, 1986

12. Majuro to Johnson Island
    Speed: 269.28 kph (167.33 mph)
    Elapsed Time: 8 hours 43 minutes 00 seconds
    Date: January 21-22, 1986

13. Johnson Island to Honolulu
    Speed: 261.00 kph (162.18 mph)
    Elapsed Time: 5 hours 4 minutes 00 seconds
    Date: January 22, 1986

14. Honolulu to San Jose, California
    Speed: 327.60 kph (203.57 mph)
    Elapsed Time: 11 hours 52 minutes 00 seconds
    Date: January 25-26, 1986

15. San Jose, California to El Paso
    Speed: 291.24 kph (180.99 mph)
    Elapsed Time: 5 hours 19 minutes 00 seconds
    Date: January 28, 1986

16. El Paso to Daytona Beach
    Speed: 329.76 kph (204.91 mph)
    Elapsed Time: 7 hours 24 minutes 00 seconds
    Date: January 29, 1986

CLASS C-1D, GROUP I
Speed Over A Recognized Course Records
Hamad Al-Thani, Pilot
Seneca II, N1442H
December 20, 1985 - January 29, 1986

1. Daytona Beach to Gander
    Speed: 299.88 kph (186.34 mph)
    Elapsed Time: 10 hours 28 minutes 25 seconds
    Date: December 20, 1985

2. Santa Maria to Faro, Portugal
    Speed: 312.48 kph (194.17 mph)
    Elapsed Time: 4 hours 53 minutes 00 seconds
    Date: December 24, 1985

3. Faro, Portugal to Iraklion
    Speed: 311.76 kph (193.72 mph)
    Elapsed Time: 9 hours 31 minutes 00 seconds
    Date: December 26, 1985

4. Iraklion to Amman
    Speed: 186.48 kph (115.88 mph)
    Elapsed Time: 5 hours 47 minutes 00 seconds
    Date: December 27, 1985

5. Amman to Kuwait
    Speed: 273.01 kph (169.64 mph)
    Elapsed Time: 4 hours 21 minutes 00 seconds
    Date: December 28, 1985

6. Kuwait to Doha, Qatar
    Speed: 317.88 kph (197.53 mph)
    Elapsed Time: 1 hour 47 minutes 00 seconds
    Date: December 31, 1985

7. Doha, Qatar to Madras
    Speed: 306.72 kph (190.59 mph)
    Elapsed Time: 10 hours 44 minutes 00 seconds
    Date: January 7, 1986

World And United State Aviation & Space Record

National Aeronautic Association
Washington, D.C.

$7.95

QATAR

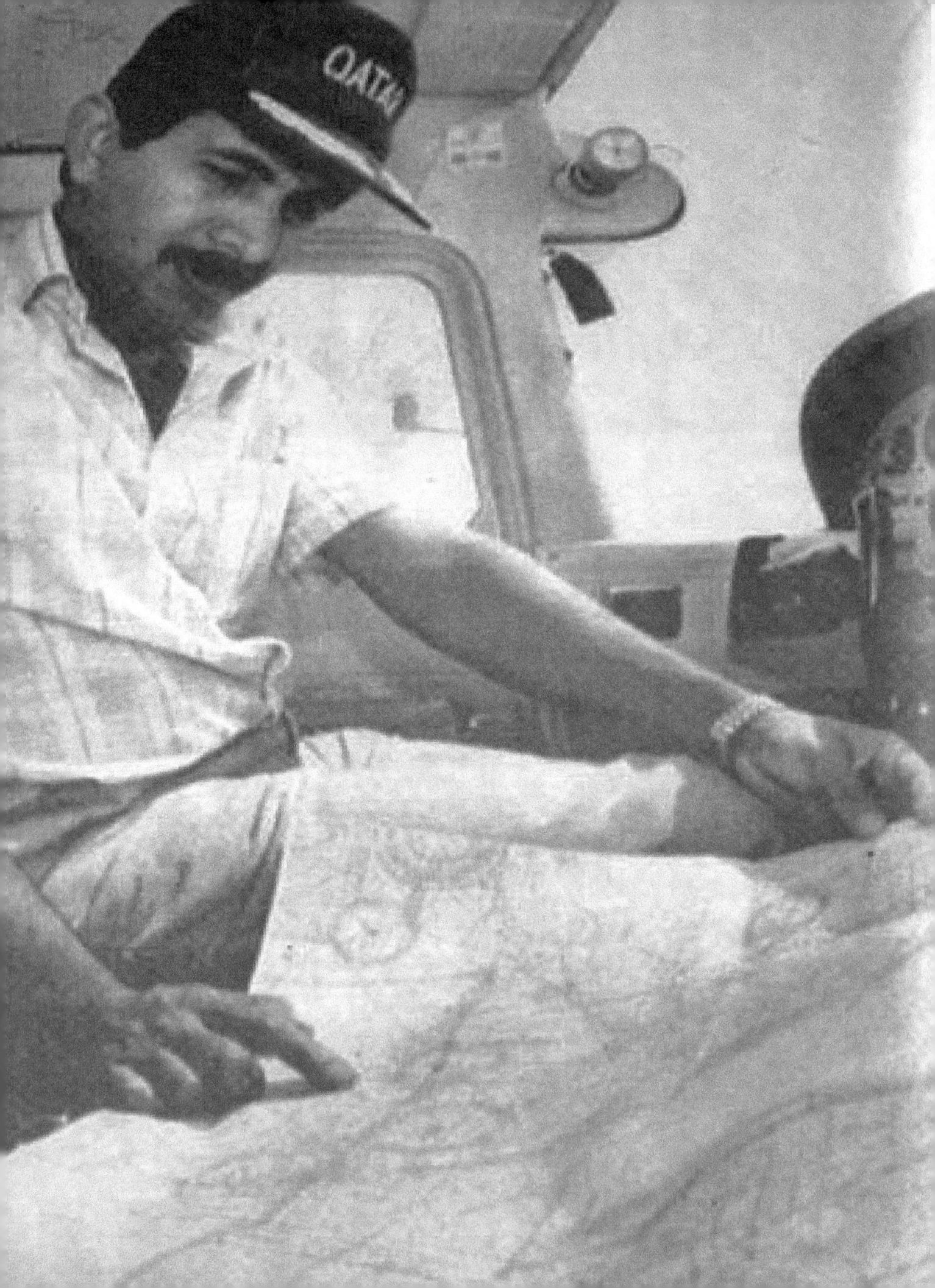

MOHD ASHEER

كنت قد سئمت تمامًا من العيش على الساندويشات، وبلغ بي الأمر حدًا لم أعد أستطيع تحمّل فكرة تناول واحدة منها مجددًا!

لكن سرعان ما عدت إلى الدوحة، حيث يحيط بي من جديد أُسرتي وأحبابي. وكان الفرح يشرق في عيون الجميع الذين استقبلوني بكل حرارة وسرور.

في اليوم التالي، حظيت بشرف لقاء صاحب السمو الأمير، الذي منحي وسام الاستحقاق من الدرجة الأولى، كما كنت محظوظًا بلقاء صاحب السمو ولي العهد.

كانت مراسم تقديم الوسام بداية لفترة دامت نحو شهر، غمرني خلالها الجميع بمشاعر الفرح التي عبروا عنها بطرقهم الخاصة. كان من المستحيل عليَّ أن أعبّر عن شدة امتناني لما تلقيته من حفاوة واستقبال رائع. كانت الضيافة والكرم فوق كل التصورات، ولا يمكن للكلمات أن تصف مقدار تقديري لهذا.

وبشكل خاص، أود توجيه شكري العميق إلى رئيس المجلس الأعلى لرعاية الشباب، على جهوده المتميزة في إنجاح الاحتفالات التي أقيمت بهذه المناسبة.

وأود أيضًا أن أعبّر عن تقديري الكبير لأمير دولة الكويت وأمير البحرين ولصاحب السمو الشيخ حمد بن عيسى آل خليفة، ولي عهد البحرين، على اهتمامه الشخصي برحلتي وتهنئته الدافئة بإتمامها، فقد أظهر لنا جميعًا عمق معرفته وخبرته الواسعة في مجال الطيران.

أما بالنسبة للطائرة التي كانت جزءًا من هذه الرحلة التاريخية، فقد قدمتها إلى صاحب السمو الشيخ خليفة بن حمد آل ثاني، أمير دولة قطر، في مارس 1986. وهي الآن محفوظة في بمطار الدوحة الدولي لحين تجهيز مكان لها بواسطة الحكومه.

وقد وعدت وزارة الإعلام بالعمل على إيجاد مكان دائم للطائرة في متحف قطر الوطني، إن شاء الله.

وحمدًا لله تعالى، أختتم قصتي التي كانت مليئة بالتحديات والإنجازات، متمنيًا أن تكون قد أضاءت دربًا جديدًا في عالم الطيران واكتشاف المستحيل.

منذ ذلك الحين، أصبح يوم التاسع والعشرون من يناير لعام 1986 معروفًا في ذاكرة الجميع بـ "يوم حمد آل ثاني". بعد مرور عدة أيام، غادرت مدينة دايتونا بيتش متجهًا إلى الدوحة، حيث كان كل من في الديار في انتظار عودتي بفارغ الصبر.

كنت قد خططت للبقاء في دايتونا بيتش فترة أطول، إما للاستجمام أو لاستكمال دراستي، لكن بعد أن أدركت أن الرحلة كانت أكثر صعوبة مما كنت أتوقع، قررت تأجيل مهام الفصل الدراسي. فقد ضاعت مني أيام عديدة في محطات مثل الكويت وقطر وسنغافورة والفلبين وهونولولو.

لذا، عدت إلى الدوحة سريعًا كمسافر عادي، أكمل الرحلة على طريقتي المعتادة بالنوم والراحة، بينما كانت السعادة تملأني لأنني أخيرًا تمكنت من الاستمتاع بكل الوجبات الشهية التي كنت قد حرمت نفسي منها طوال تلك الرحلة الطويلة.

QATAR

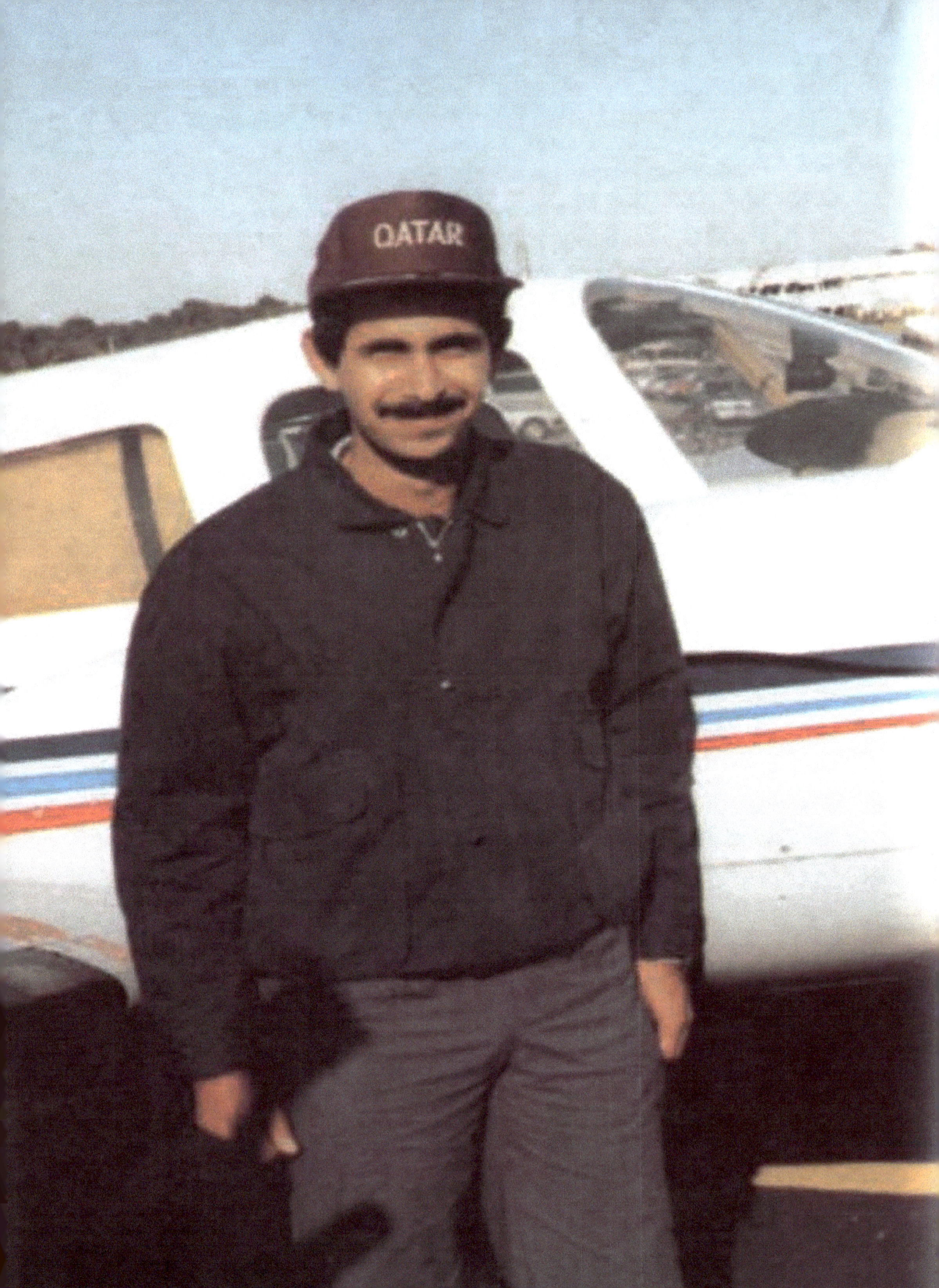

في تمام الساعة الثامنة والنصف من صباح اليوم التالي، كنت في غمرة استعداداتي للإقلاع عندما سمعت أحد الطيارين يوجه سؤالًا إلى برج المراقبة، مستفسرًا إن كانوا قد تلقوا نبأ ما حدث للمكوك الفضائي. فأجاب البرج بالإيجاب، ولكنه اكتفى بالإشارة إلى أنه لا توجد تفاصيل أخرى. حينها، ظننت للوهلة الأولى أن الأمر لا يعدو كونه حادثًا طفيفًا، لكنني اكتشفت لاحقًا أنه كان كارثة هائلة، أدمت قلوب الجميع.

غادرت المطار على الفور، عابرًا سلسلة الجبال في شرق كاليفورنيا، مارًا بالقرب من قاعدة إدواردز الجوية، المعروفة باسم "مقبرة الطائرات" في ولاية أريزونا، حيث تُنقل الطائرات القديمة. ومن هناك، تابعت مساري نحو مدينة إل باسو في ولاية تكساس، حيث استمعت إلى كافة التفاصيل حول الانفجار المدمر للمكوك الفضائي "تشالنجر"، الذي أسفر عن فقدان جميع أفراد طاقمه.

وعندما تواصلت مع أصدقائي في دايتونا بيتش بولاية فلوريدا، طلبوا مني تأجيل وصولي بسبب الاهتمام الإعلامي الواسع لكارثة المكوك الفضائي. لكنني أخبرتهم أن هدف رحلتي كان علميًا بحتًا، ولم يكن في نيتي تحقيق ضجة إعلامية.

في صباح اليوم التالي، غادرت مدينة إل باسو بعد أن أبلغت أصدقائي في دايتونا بيتش أنني سأصل في الساعة الرابعة عصرًا. لكنني فوجئت برياح خلفية قوية زادت من سرعتي بشكل مفاجئ، فاستغليت ذلك لتحقيق رقم قياسي جديد في زمن قياسي.

وعند وصولي إلى وجهتي، استفسر برج المراقبة إن كنت قد أكملت رحلتي أو أنني هبطت للمرة الثانية. فأجبتهم أنني كنت في طريق العودة بعد إتمام الرحلة، فاستقبلوني بحفاوة كبيرة. وعندما هبطت الطائرة، تم توجيهي إلى منطقة خاصة مخصصة لجامعة إمبري ريدل، حيث كان هناك استقبال رائع وجمع حاشد من الطلاب والأصدقاء والمسؤولين من الجامعة. وكان أيضًا هناك مؤتمر صحفي، حيث قام عمدة المدينة بتقديم شهادة تهنئة تقديرًا لإتمام رحلتي بنجاح.

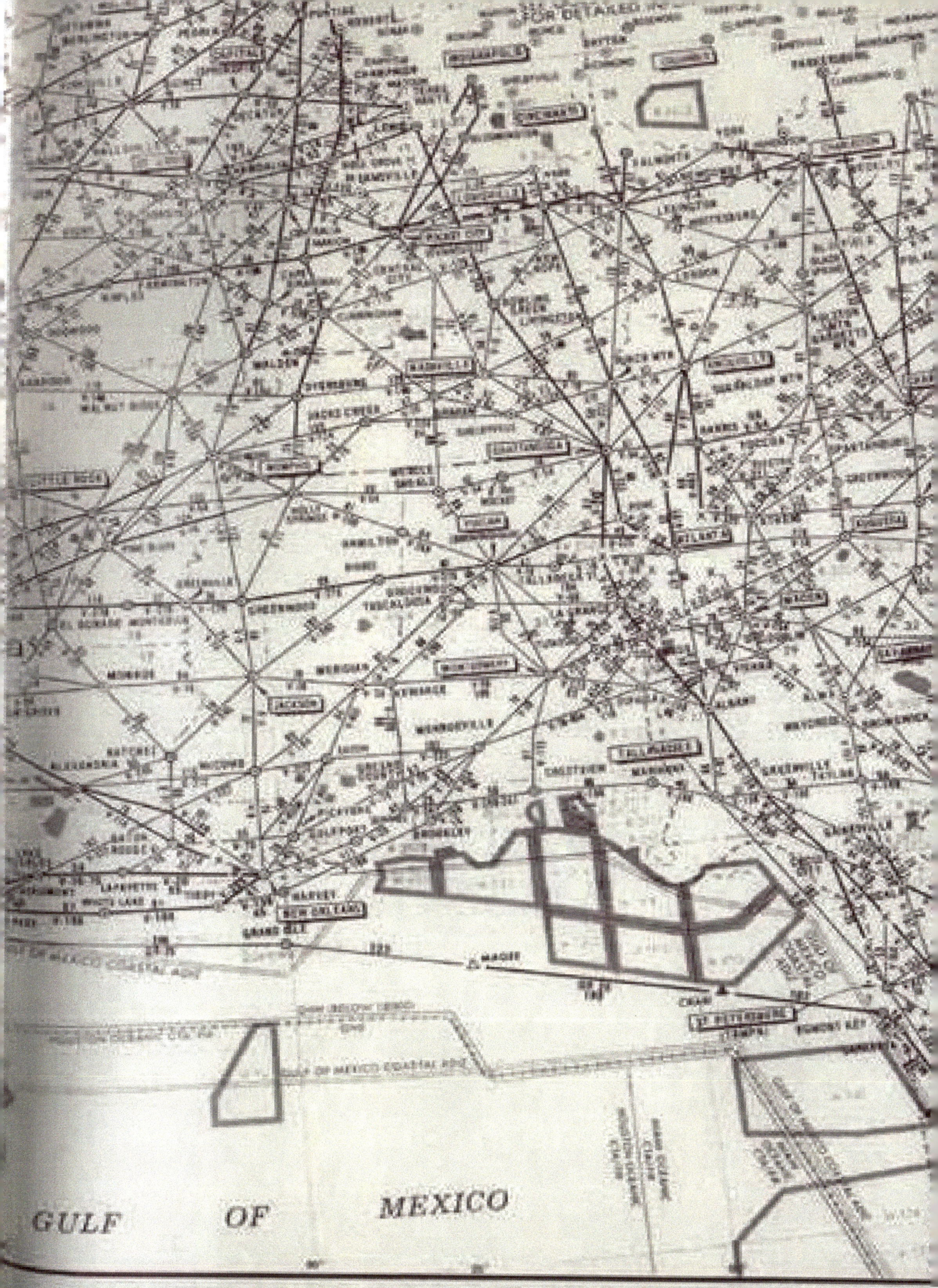

NEW ORLEANS
MONTGOMERY
TALLAHASSEE
ATLANTA
GREENWOOD
GULF
OF
MEXICO

HASTINGS
GOODLAND
HILL CITY
SALINA
TOPEKA
KANSAS CITY
PUEBLO
LAMAR
HUTCHINSON
DODGE CITY
GARDEN CITY
WICHITA
BUTLER
SPRINGFIELD
CHANUTE
LIBERAL
ANTHONY
CIMARRON
OKLAHOMA CITY
TULSA
DALHART
LAS VEGAS
TUCUMCARI
AMARILLO
SAYRE
McALESTER
HOBART
CHILDRESS
PLAINVIEW
LUBBOCK
WICHITA FALLS
ARDMORE
DUNCAN
PARIS
BRIDGEPORT
DALLAS
MINERAL WELLS
BIG SPRING
ABILENE
DALLAS-FT WORTH
TUSCOLA
MIDLAND
SAN ANGELO
FT STOCKTON
JUNCTION
WACO
LUFKIN
AUSTIN
COLLEGE STATION
HUMBLE
SAN ANTONIO
HOBBY
EAGLE LAKE
PALACIOS
COTULLA
THREE RIVERS
CORPUS CHRISTI
LAREDO
McALLEN
BROWNSVILLE
SALT FLAT
CARLSBAD
PECOS
MARFA
TEXICO
CORONA
UNITED STATES
MEXICO
GULF OF MEXICO COASTAL

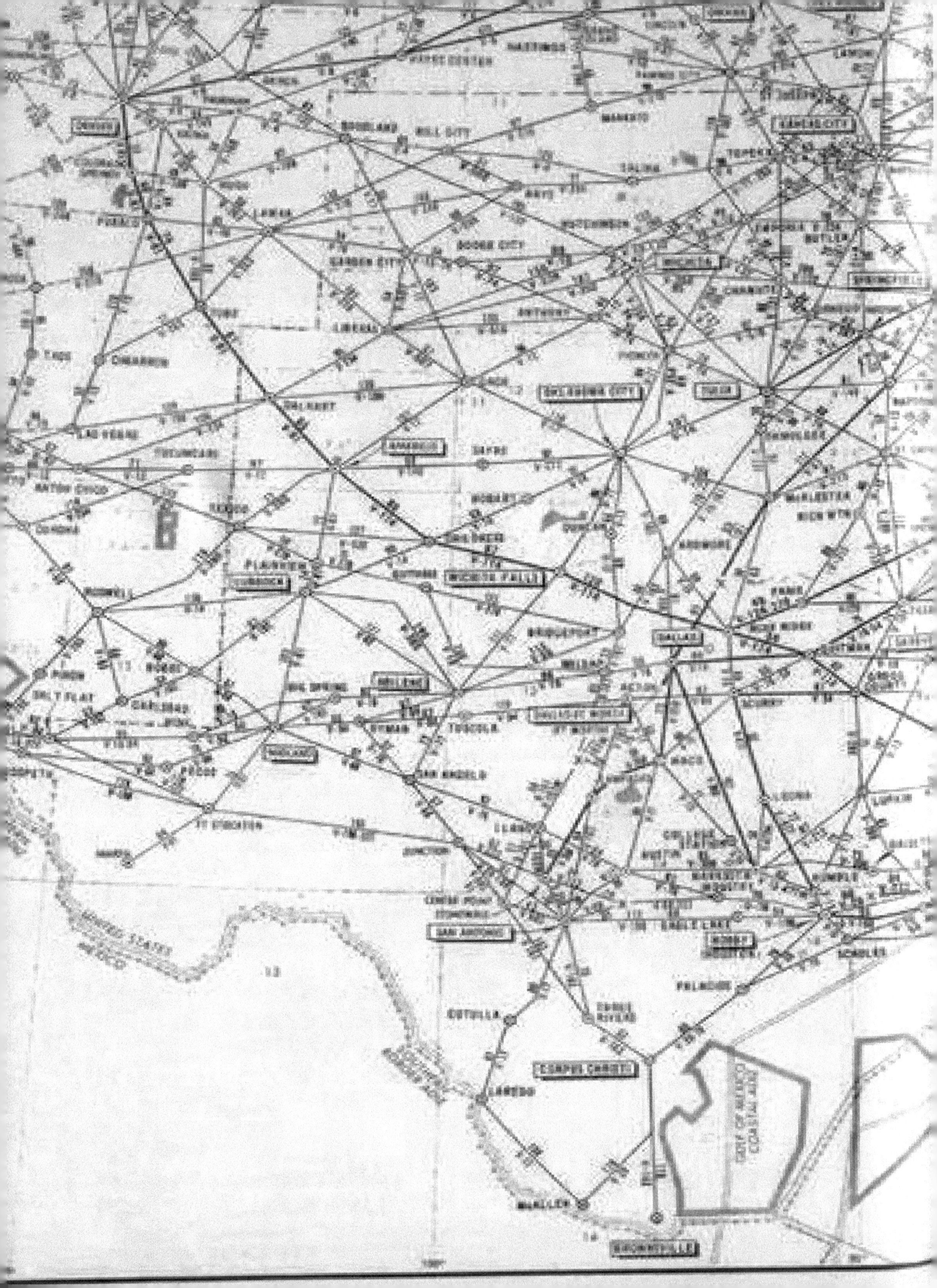

A N A D A
SASKATCHEWAN
MANITOBA
QUEBEC
UNITED STATES
Chicago
New York
Philadelphia
Washington
Norfolk
Dallas
Fort Worth
Houston
New Orleans
Memphis
Tampa
Miami
Gulf of Mexico
THE BAHAMAS
Habana
CUBA
HAITI
JAMAICA
M E X I C O
Guadalajara
BELIZE
NICARAGUA
COSTA RICA
PANAMA
Caribbean Sea
COLOMBIA
ECUADOR
EL PASO
DAYTONA BEACH
Distance
1365 n.m.
Time
7:24

FIC OCEAN

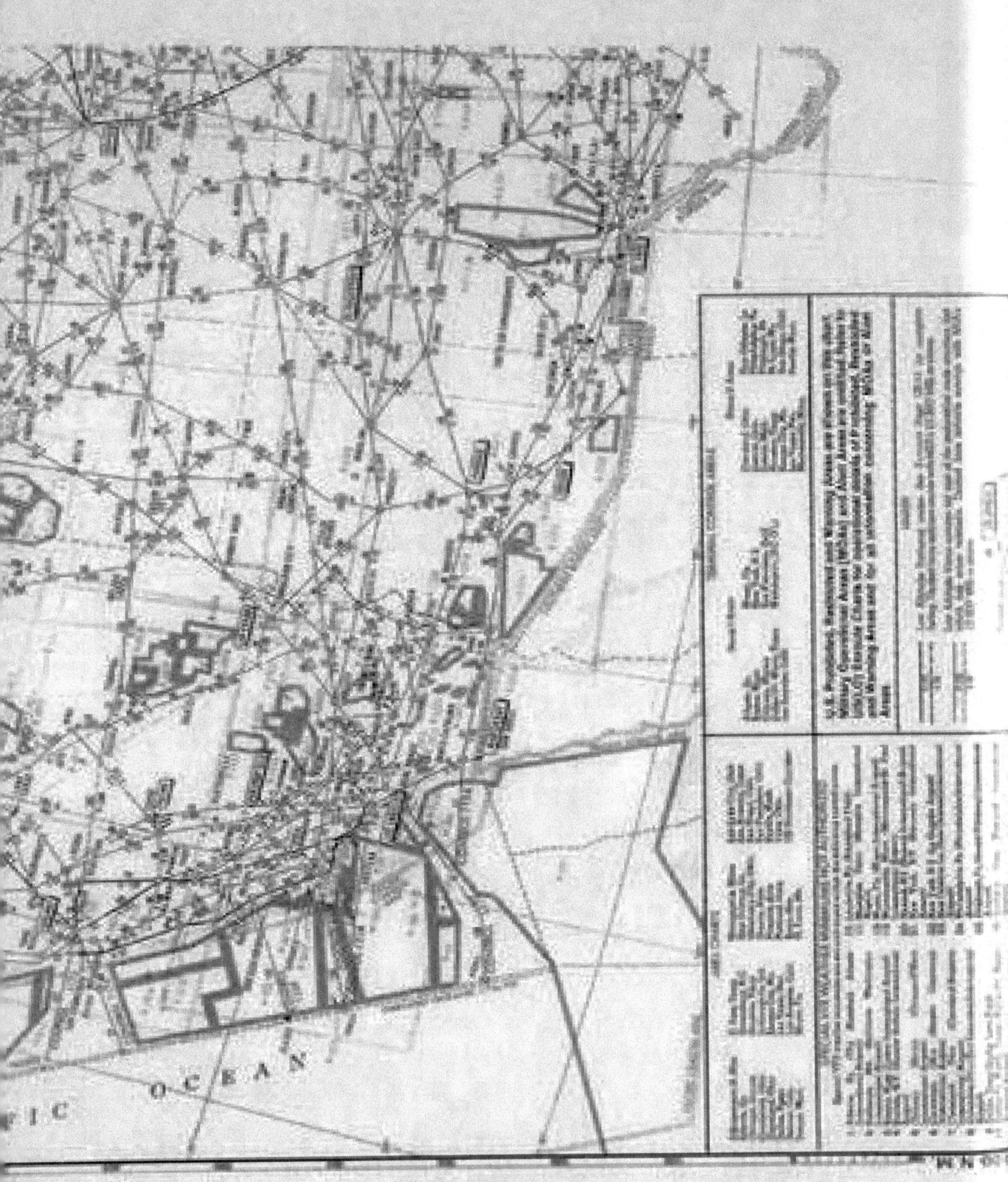

SAN JOSE
EL PASO

Distance
899 n.m.

Time
5:19

PACIFIC OCEAN

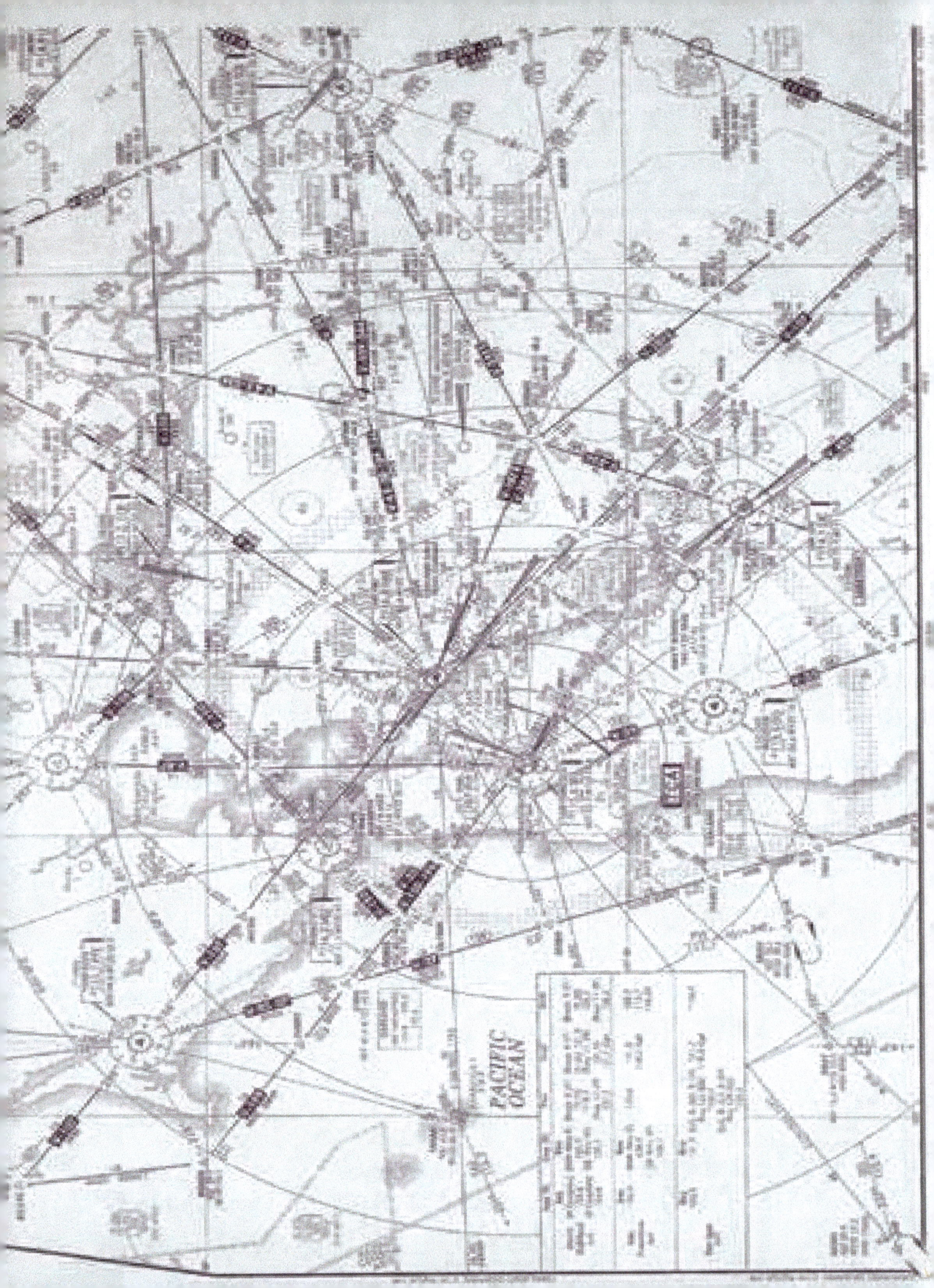

Vancouver
Victoria
Portland
Eureka
Sacramento
Oakland
San Francisco
San Jose
Los Angeles
Long Beach
Tijuana
Tropic of Cancer
Honolulu
Maui
Hilo
A C I F I C   O C E A N
HONOLULU
SAN JOSE
Distance
2112 n.m.
Time
11:52

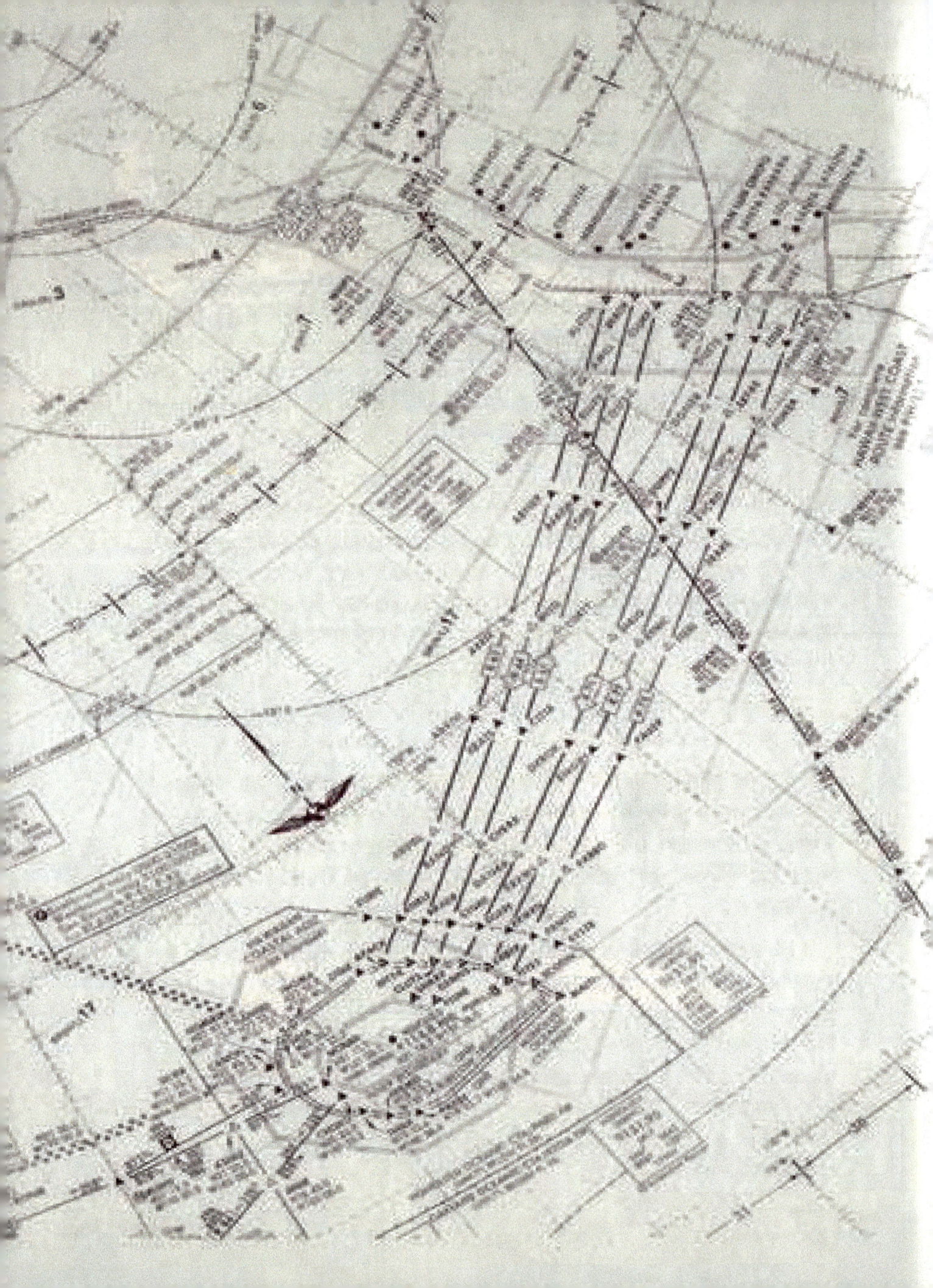

قررتُ بعد التحقق من سـرعة واتجاه الرياح السـائدة مواصـلة الرحلة. كانت الرياح تهبّ نحو السـاحل الأمريكي، وأنا بحاجة إلى هذه الرياح الخلفية لزيادة سـرعتي، حيث كانت هذه المرحلة من الرحلة تزيد عن مسافة 2100 ميل بحري. لم تكن هناك جزر بين هاواي والبر الرئيسي للولايات المتحدة.

غادرتُ جزيرة أواهو في تمام الساعة الثالثة صباحًا، بعد مصافحة السيد جانيش، الذي أصرّ على المجيء إلى المطار لتوديعي. طلب مني عامل الرادار بعد الإقلاع الاتجاه أولًا نحو الجنوب الشـرقي، لتجنب الجبال، ثم الطيران شرقًا مباشرةً.

كانت تلك المرحلة من الرحلة من أصـعب المراحل حقًا، بل وأطولها كذلك، وما زاد من صـعوبتها أنني لن أرَ سوى المحيط الأزرق والسماء الزرقاء طوال الوقت. بدا ذلك بمثابة تجسيد فعلي للملل، وكنتُ حريصًا على إنهاء الرحلة بأسرع ما يمكن، لكنها استغرقت 11 ساعة و52 دقيقة، وشهدت الكثير من الاضطرابات الجوية.

تبدّد كل قلقي ومللي عندما ظهرت سـلسـلة جبال كاليفورنيا، فابتهجتُ كثيرًا، وشـكرتُ الله عز وجل على مسـاعدتي في تحقيق هذه الأمنية التي حلمتُ بها طويلًا. ولكن مع ذلك، ظل الأمر يبدو كحلم، لأن الرحلة لم تنتهِ بعد، ولم أستطع تصديق أنني قمت بها بالفعل.

هبطتُ في مطار سـان خوسـيه واتصـلتُ على الفور بالمدرب الذي علّمني الطيران عام 1979. ابتهج لسـماع صـوتي وطرح عليّ الكثير من الأسـئلة، وأضـاف أنه فخور جدًا بما حققته. زرته في اليوم التالي وأجريتُ معه حوارًا طويلًا وشـيقًا حول رحلتي، لكن سـرعان ما اضـطررتُ للاعتذار وتوديعه، حيث سـأغادر في الصـباح الباكر.

كانت الشطيرة مُتعفّنة تمامًا، وانبعثت رائحة كريهة عبر الغلاف البلاستيكي المُمزّق فكادت تخنقني. عندما اقتربتُ من المدرج، فتحتُ النافذة الجانبية الصغيرة وألقيتُ بهذه "القنبلة النتنة".

أخيرًا هبطتُ على الجزيرة التي لم تكن أطول بكثير من المدرج نفسه. استقبلني قائد القاعدة، التي كانت في الواقع مخزنًا للأسلحة الكيميائية. عندما سألتُه عن الوقود، أخبرني أنهم لا يملكون ما أحتاجه، لكن لديهم بعض وقود السيارات أوكتان 87. طلبتُ منهم ملء أحد الخزانات الداخلية سعة 99 جالونًا به.

قدّم لي وكيل شركة تعمل هناك قبعة تحمل اسم الشركة، وأخبرني الوكيل أنه سعيد جدًا بلقائي، حيث أن شركته عملت في قطر في وقت مسبق، فشكرته ثم أخبرتُ قائد القاعدة أنني سأغادر على الفور.

أقلعتُ باستخدام بنزين الطائرات (Avgas)، وبدّلتُ الخزانات عندما وصلتُ إلى مستوى الطيران المطلوب. أصغيتُ إلى صوت المحركات، فإذا لم تكن تعمل بشكل صحيح، حينها سيتعيّن عليّ العودة إلى الجزيرة، لكن كل شيء كان يسير على ما يرام.

وصلتُ إلى هونولولو في جزيرة أواهو، واستقبلني هناك السيد سكوت جانيش، الذي كان يعمل في البحرية الأمريكية، وقد أبدى اهتمامًا كبيرًا برحلتي، واصطحبني إلى الفندق. وفي اليوم التالي، أخذني إلى جولة في هذه الجزيرة الرائعة، المشهورة بجمالها الطبيعي. إنها تقع في وسط المحيط، وهي حقًا جزيرة الأحلام.

ذهبنا إلى المطار، وبناءً على طلبي، تم فحص الطائرة بدقة في محاولة للعثور على سبب العطل في جهاز الهبوط، وخضعت المحركات لفحص شامل على مدى اليومين التاليين أيضًا.

CAUTION: TRAFFIC ON TAXIWAY O NOT VISIBLE FROM TOWER
HICKAM AFB
GENERAL AVIATION AREA
CONTROL TOWER
AIR NAT'L GUARD
HAZARDOUS CARGO AREA
GATE LOCATIONS

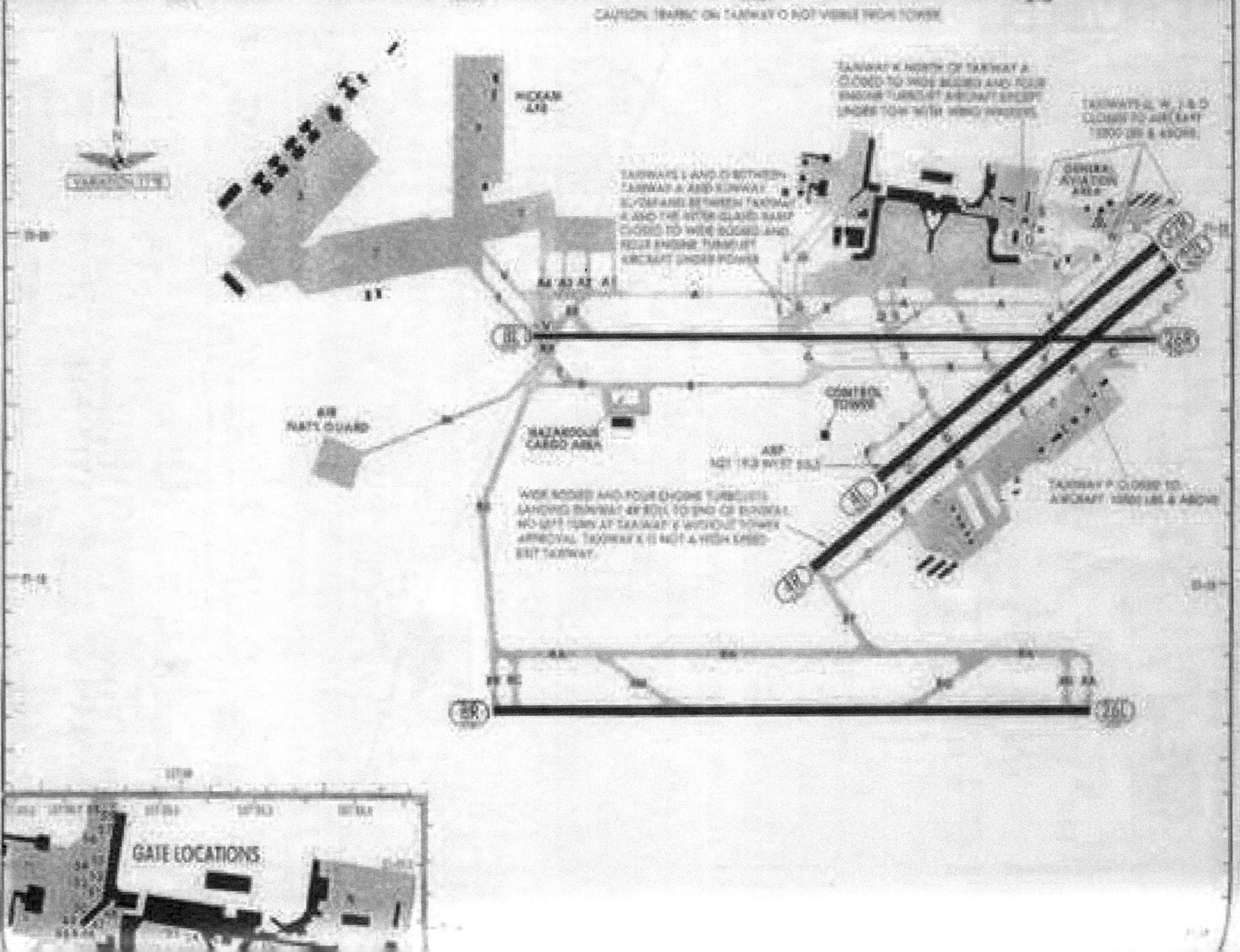

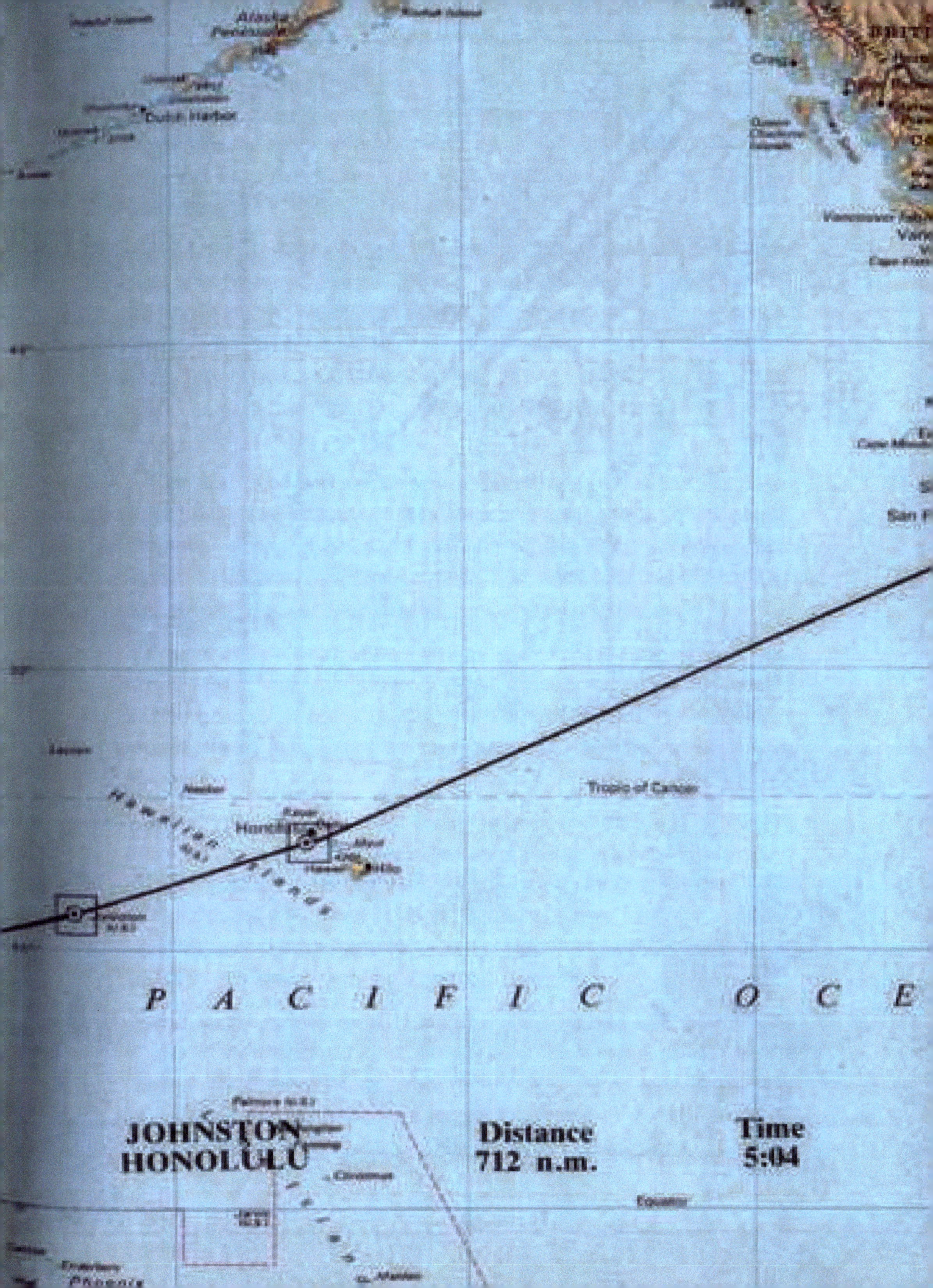

JOHNSTON
HONOLULU

Distance
712 n.m.

Time
5:04

JOHNSTON ATOLL

JOHNSTON I

N16 44.0 W169 32.0

Elev 7' Var 11°E

UNICOM 122.8

PPR in accordance with foreign
clearance guide for landing or approach.
Airport of entry.
Birds in vicinity of airport.
Reefs
646'
100'
23
1100' Overrun
Elev 7'
9000'
Elev 7'
5
97'
100'
Parallel taxiway used
for parking area.
Feet 0 1000 2000 3000 4000 5000
Meters 0 500 1000 1500

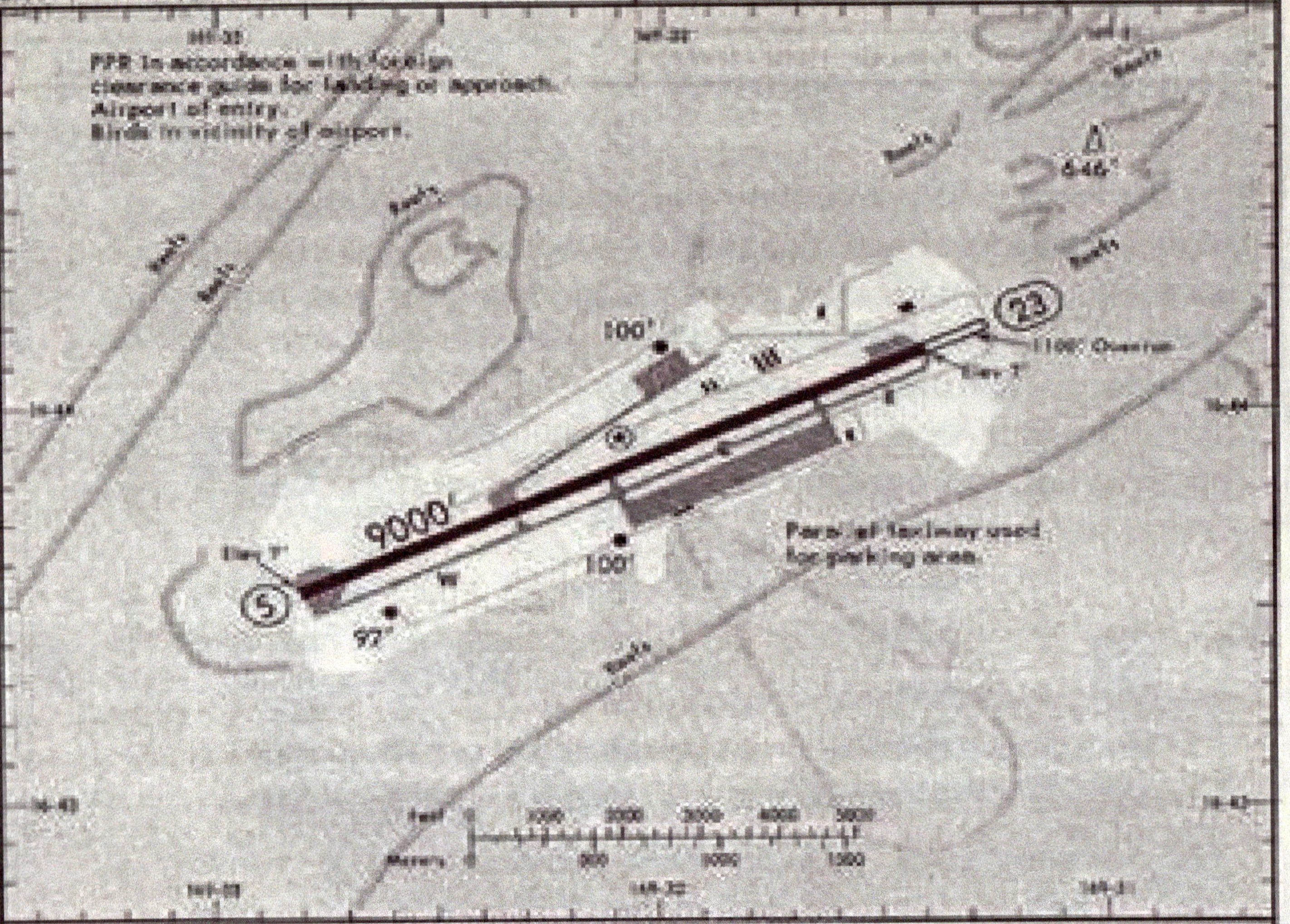

ADDITIONAL RUNWAY INFORMATION

RWY		USABLE LENGTHS — LANDING BEYOND — Threshold	Glide Slope	TAKE-OFF	WIDTH
5	❶ HIRL VASI				150'
23	❶ HIRL				

❶ Scheduled acft & on request.

TAKE-OFF			FOR FILING AS ALTERNATE	
	All Rwys			
	Forward Vis Ref	STD		
1 & 2 Eng	1/4	1	A, B	1000-2
3 & 4 Eng		1/2	C	1000-2½
			D	1000-3

CHANGES: Taxiways & ramps.

نهاية رحلتي

غادرتُ الجزيرة في الصباح الباكر، متوجهًا إلى هونولولو. مضى بعض الوقت، واستغربتُ لرؤية ضوء التحذير الأحمر الخاص بعجلات الطائره مجددًا، مُشيرًا إلى أن عجلات الطائره غير مستقر في مكانه. لكنني تمكنتُ من إطفاء الضوء بنفس الطريقة السابقة لان عدم استقرار العجلات الى الأعلى يترك صوت ورجه في الطائره وهذا الامر لم يكن محسوس. ومع طلوع النهار، بدأت الغيوم بالتشكّل وازدادت الاضطرابات الجوية، ما جعل الطائرة تميل يمينًا ويسارًا، لدرجة اضطرتني إلى التحقق من اتجاهي باستمرار.

أصبحت الرحلة صعبة للغاية، ما دفعني لاتخاذ قرار الهبوط في جزيرة جونستون. لكن عندما اقتربتُ منها نسبيًا، اكتشفتُ أن جهاز تحديد الاتجاه التلقائي (ADF) فيها لا يعمل.

اتصلتُ بهونولولو، وطلبتُ منهم الاتصال بجزيرة جونستون وطلب تشغيل جهاز تحديد الاتجاه التلقائي (ADF).

ثم تزايد قلقي. هل سأصل إلى وجهتي أم ستنتهي رحلتي في هذا المحيط المُظلم؟ أين هي تلك الجزيرة الصغيرة؟ هل كانت حساباتي خاطئة أم أن الرياح قد جرفتني عن مساري؟ بدا خطر المجهول يقترب، وتزاحمت الذكريات في ذهني. هل سينتهي كل شيء هنا؟

عندما بدأ المؤشر بالتحرّك، أدركتُ أن الرياح قد دفعتني حوالي ستين ميلًا بعيدًا عن مساري باتجاه اليسار، لأنني لم أتمكن من الحصول على المعلومات الضرورية حول اتجاه الرياح. ثم فجأة، ظهرت الجزيرة الصغيرة أمامي!

بدأتُ بترتيب قمرة القيادة وجمع أوراقي. سقطت ورقة على الأرض. عندما وضعتُ يدي تحت المقعد لالتقاطها، لمستُ شيئًا ناعمًا ولزجًا، عندها تذكرتُ آخر شطيرة من غوام. كيف نسيت تناولها؟

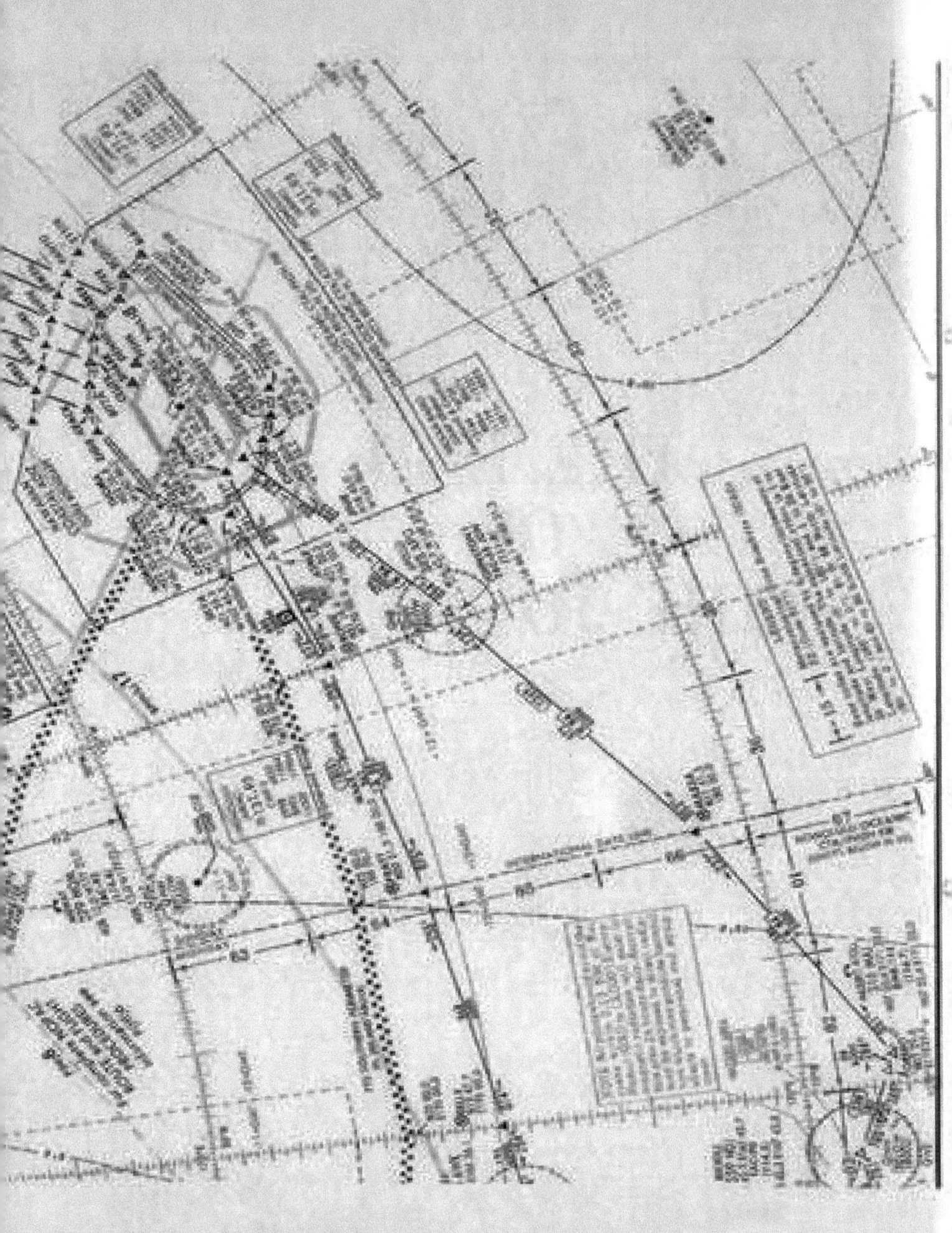

نهاية رحلتي

P A C I F I C
O C E A N
Tropic of Cancer
International Date Line
MARSHALL ISLANDS
Gilbert Islands
KIRIBATI
Phoenix Islands
SOLOMON ISLANDS
TUVALU
Ellice Islands
WESTERN SAMOA
Samoa Islands
VANUATU
TONGA
C O R
S E A
MAJURO
JOHNSTON
Distance
1259 n.m.
Time
8:43

كانت ماجورو جزيرةً جميلةً تزينها أشجار جوز الهند المورقة، وصيد الأسماك هي المهنة الرئيسية بها، وبدا مستوى المعيشة منخفضًا إلى حدٍ ما. إن هذه الجزر الواقعة في المحيط الهادئ فائقة الجمال حقًا، ولعلّها الأروع في العالم. تُعدّ المنطقة ذات أهمية تاريخية أيضًا، حيث غرقت العديد من السفن في بقاع المحيط الهادئ خلال الحرب العالمية الثانية.

بدأتُ في فحص المفاتيح لأعرف سبب إضاءة المصباح، بينما كانت الطائرة تميل يمينًا ويسارًا بفعل الاضطرابات الجوية. وبعد فحص أخير، انطفأ المصباح الأحمر. بات من الواضح أن العجلات في مكانها الصحيح، فزدتُ من قوة المحرك لأزيد من سرعة طيراني.

ازدادت الاضطرابات الجوية بينما الغيوم ترتفع إلى الأعالي، والظلام يُغطي السماء تدريجيًا. كان غروب الشمس جميلًا حقًا، حيث امتزجت ألوان الأحمر والأصفر والبرتقالي في وهج دافئ يسر الناظرين. ثم تبدَّل ذلك إلى سواد الليل، المُزيّن بضوء النجوم الغامض واللامع. قلتُ لنفسي: "لقد حققتُ أمنيتي الخاصة، إذ تمكنتُ من رؤية هذه الأماكن بنفسي، التي يعكس جمالها قوة وقدرة الله سبحانه وتعالى". ازداد إيماني بالله وخشيتي له عندما أدركتُ أنه خلق كل شيء - وكل شيء خلقه لغاية محددة.

حلّقتُ في مساري فوق جزيرة كواجالين، التي تُستخدم لإجراء تجارب على الصواريخ الباليستية العابرة للقارات، القادرة على قطع مسافة 3000 ميل إلى هدفها. ومن هناك، توجهتُ إلى ماجورو، إحدى جزر مارشال. بعد أن هبطتُ في المطار هناك، رأيتُ رجلًا يُشير إليَّ، فأوقفتُ المحركات وخرجتُ من الطائرة.

سألني عن مدة بقائي في الجزيرة، فأخبرته أنني سأغادر بعد يومين. ثم سألني إذا كنتُ أرغب في التزوّد بالوقود على الفور أم في اليوم التالي. أخبرني أنه إذا أردتُ التزود بالوقود اليوم، فإن فريقه - وأشار إلى ستة رجال يقفون خلفه - سيبدأ العمل على الفور. شكرته وأخبرته أنني سأتزوّد بالوقود في اليوم التالي، لأنني كنتُ أشعر بتعب شديد، فعرض عليّ أن يُوصلني إلى الفندق بنفسه.

لم تكن ثمة العديد من الفنادق في الجزيرة، وصنفتُ الفندق الذي وجدته على أنه فندق من فئة نجمة واحدة، وكان وجود هاتف أمرًا نادرًا في تلك المناطق أيضًا.

ذهبتُ في اليوم التالي إلى طائرتي لتجهيزها للرحلة القادمة، ثم قمتُ بجولة لم تستغرق أكثر من ربع ساعة في الجزيرة.

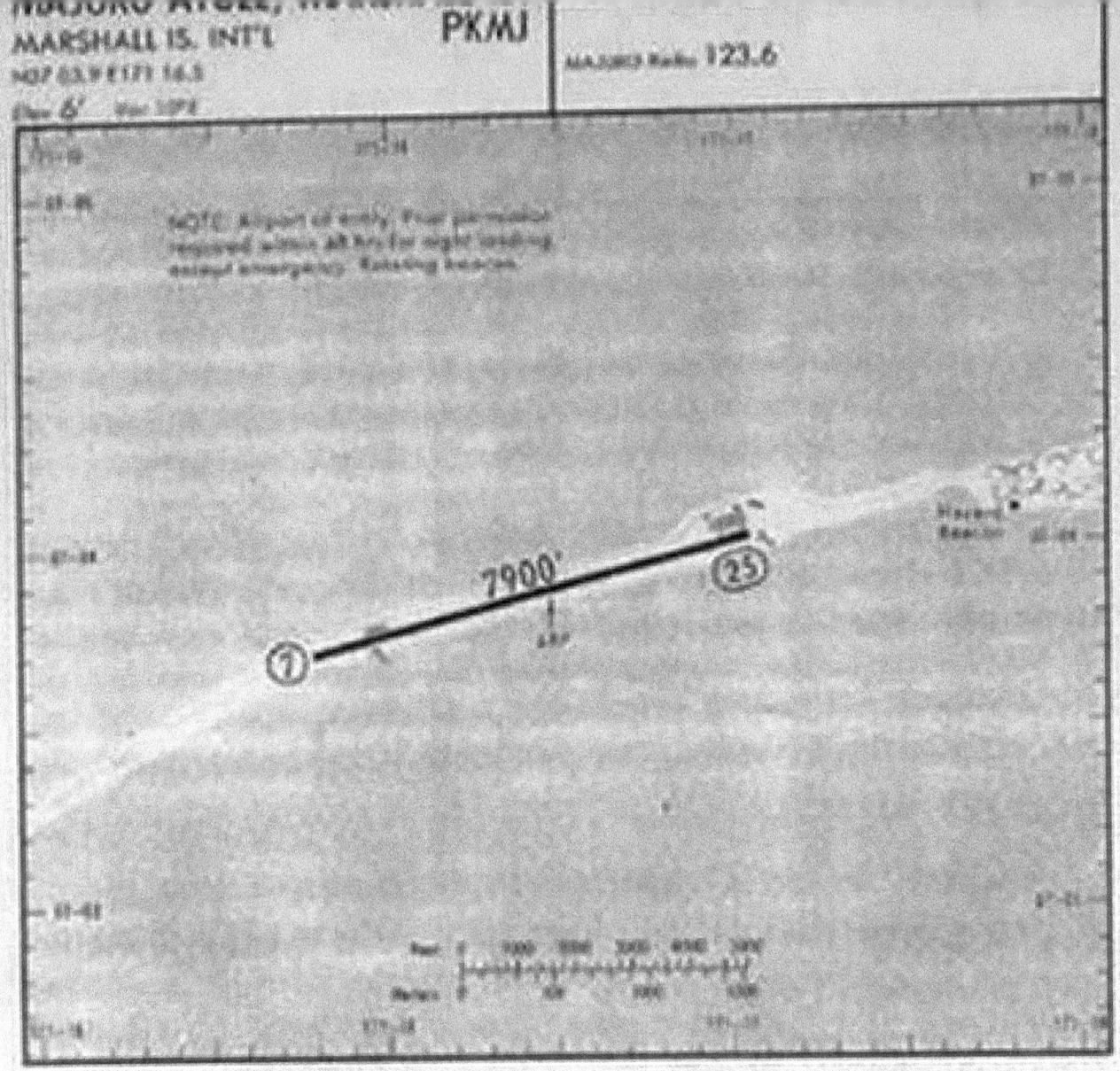

تقدّم رجلٌ بشعرٍ أشعثٍ، يرتدي سروالًا قصيرًا وقميصًا رثًا مُلطّخًا، يسألني عمّن سمح لي بالهبوط في بونابي. عندما أخبرتُه بأن المسؤولين في جزيرة غوام هم من أذنوا لي بذلك، لم يُجب بشيء. حينها سألتُه عن هويّته، ودُهشت حينما أخبرني بهدوء أنه مدير المطار!

انطلقتُ نحو ماجورو في جزر مارشال بعد التزوّد بالوقود. حينها فوجئتُ بضوء تحذير أحمر يُشير إلى أن جهاز الهبوط لم يكن مُثبّتًا في مكانه بشكل صحيح، ومن شأن ذلك أن يؤثّر على سرعة الطائرة وقد يُلحق الضرر بالجهاز نفسه.

شكرتهم جميعًا على لطفهم ومساعدتهم. أخبرني مدير العمليات أن جزيرة بونابي على علم مسبق بمساري ومستعدة لتقديم تسهيلاتها لي إذا احتجتُ إلى الهبوط بها للتزوّد بالوقود.

ثم أقلعتُ متوجهًا شــرقًا لتجنب المرتفعات القريبة من المطار في طريقي نحو جزيرة تروك. واجهت موجات متقاربة من الاضطراب الجوي مجددًا، وعندما أصبحت السماء صافية لاحقًا، غدا الجو حارًا جدًا.

من بين الغيوم، استطعتُ رؤية مجموعة من الجزر على شكل هلال في المحيط أدناه، وكانت مغطاة بأشجار جوز الهند.

ثبّتُ العدســة المُقرّبة في كاميرتي بحيث تُظهر الصــور التي كنتُ ألتقطها الجمال الكامل للنباتات ولدرجات اللون الأزرق المتعددة في المحيط، ثم بدأتُ في تناول شطائري، تاركًا واحدة لتناولها لاحقًا.

رصدتُ جزيرة تروك بعد ذلك بوقت قصير واتبعتُ مساري شــرقًا نحو بونابي. وعندما كنتُ على وشك الوصــول؛ أجريتُ اتصالًا لاســلكيًا مع المطار وســألتُ عن المدرج الذي ســأهبط عبره. قدم لي طيار هناك المعلومات الضــرورية، مُخبرًا إياي أن الجزء الأول فقط من المدرج كان قيد التشــغيل، وأنه في رحلة تدريبية، وسيهبط في غضون عشر دقائق تقريبًا.

استقبلتني ســيدة بعد أن هبطتُ، ولاحظتْ علامات الإرهاق الشــديد عليَّ، فناولَتني كوبًا من مياه بونابي المحلية. اقترب رجل يبلغ من العمر حوالي الخمسين وعرفني بنفسه أنه كان ممثلًا لبعثة تبشيرية محلية، وأنّه رفقة طيارين متطوعين آخرين يُجرون عمليات بحث وإنقاذ في المنطقة. وبينما كنتُ أتحدث مع المسؤولين؛ تمت دحرجة ثلاثة براميل من الوقود - يحتوي كل منها على خمســين جالونًا - وبدأ الميكانيكيون في تزويد الطائرة بالوقود بطريقة بدائية إلى حد ما.

PACIF
OCEA
JAPAN
Tokyo
Yokohama
NORTHERN MARIANAS
MARSHALL ISLANDS
FEDERATED STATES OF MICRONESIA
Caroline Islands
Gilbert Islands
NAURU
KIRIBATI
Bismarck Archipelago
PAPUA NEW GUINEA
SOLOMON ISLANDS
TUVALU
Ellice Islands
VANUATU
CORAL SEA
PONAPE
MAJURO
Distance
812 n.m.
Time
5:35

PONAPE INT'L APT.
N06 59.1 E158 12.9
Elev 10' Var 04°E

PONAPE Radio (AAS) 123.6

Emergency 2182 5205X

CAUTION: Ships with max height of 120'm.
Ponape Channel 400' off approach end rwy 09.
For advisory contact Ponape Radio prior to
final approach or departure.
NOTE: Airport of entry.
Customs as prior request.

| (09) | 6000' | (27) |
| 110° | | |

Feet 1000   0   1000   2000   3000
Meters 500   0   500   1000

ADDITIONAL RUNWAY INFORMATION

RWY				USABLE LENGTHS			
				LANDING BEYOND		TAKE-OFF	WIDTH
				Threshold	Glide Slope		
09	MIRL REIL VASI-L	27-Paved		5900'			
27	MIRL VASI-L	grooved		5900'			150'

	TAKE-OFF		FOR FILING AS ALTERNATE	
			5205-X NRK-C	NDB DME-A N158 E158 Rwy 9
1 & 2 Eng		A B C	800-2	800-2
3 & 4 Eng	400 ceiling-1½			
		D		800-2½

IFR departure procedures: Rwy 09 climb runway
heading to 500' then left turn for north or west
departure. Climb runway heading to 1500' before
heading for south departures. Runway 27, climb
runway heading to 500' then right turn for north or

east departures. Climb runway heading to 1500'
before turning for south departure. CAUTION:
Ships with superstructure to 150', traverse
Ponape Channel, 400' off approach end runway 09,
closing airport at times.

CHANGES: Rwy grooved.

1" = 100 NAUTICAL MILES
10

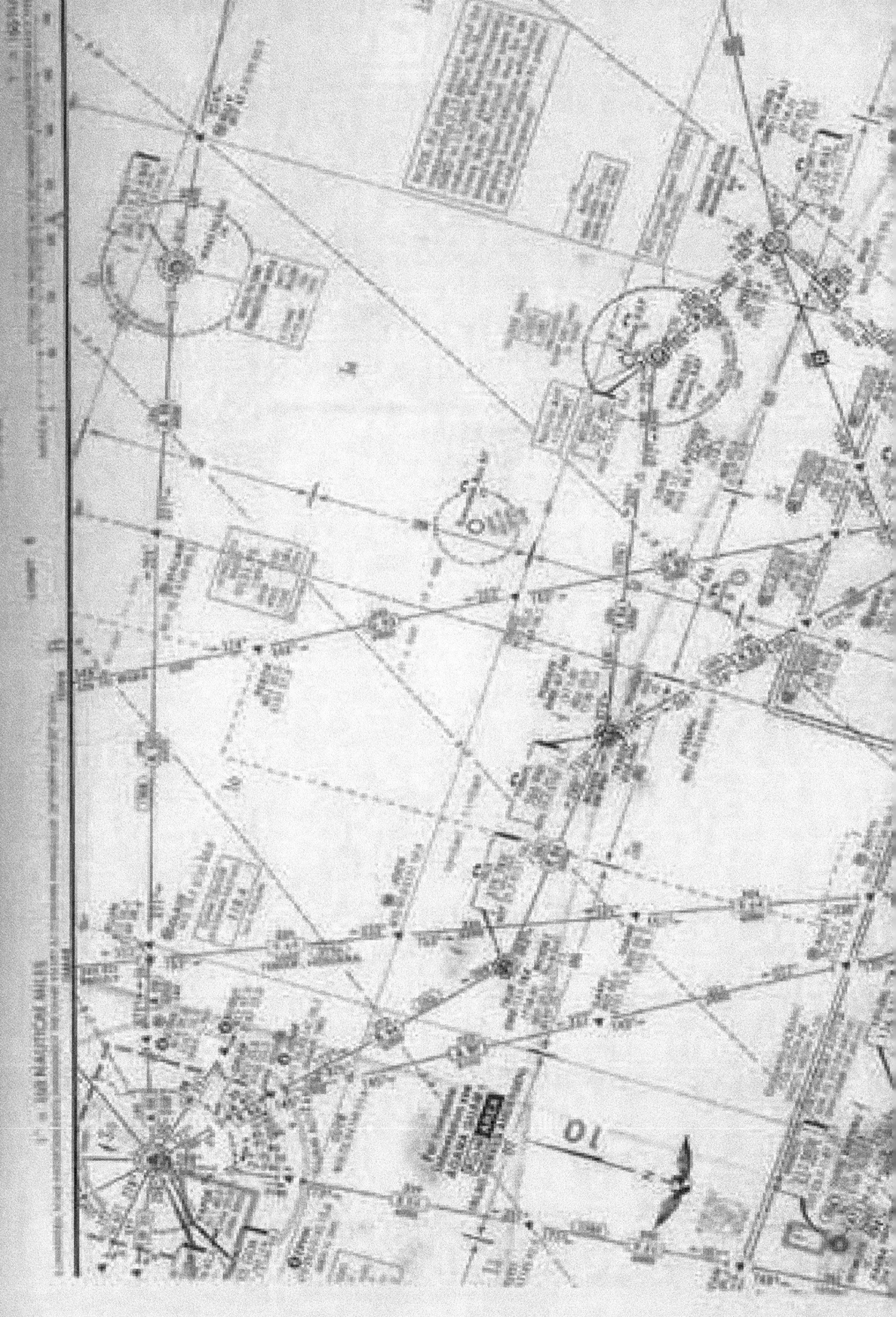

أُتيحت لي فرصة التأمل مجددًا في بديع صنع الخالق القدير، ومتعتُ عيني بمشاهد فريدة ملأت قلبي وعقلي بهجةً. اجتمعت تلك الخطوط المتناسقة في مناظر بديعة فاقت قدراتي على التصديق. كانت مُؤثّرة لدرجة أن المشاعر الوحيدة التي اعترتني لحظتها هي الحب والتقدير لعظمة خلق الله، وتسبيح الخالق ذاته.

ليس من المستغرب أن جزيرة غوام الجميلة أصبحت مزارًا سياحيًا شهيرًا، إذ تُبنى العديد من الفنادق لاستيعاب الزوار. يستمتع اليابانيون على وجه الخصوص بهدوئها وجمالها، فالوصول إلى غوام أسهل بالنسبة لهم من الوصول إلى هاواي.

لاحظتُ أن سكان غوام يشبهون الآسيويين في مظهرهم إلى حدٍّ ما.

تمّ ترتيب لقاء مع القائد ومساعديه الاثنين في المساء، وخلال العشاء دار بيننا نقاش ممتع حقًا. كان القائد نفسه قد خدم بصفته ضابطًا عسكريًا في إيران، كما قرأ الكثير عن دول الخليج ودُعي ذات مرة إلى منزل السفير القطري في طهران. أخبرني أنه يعرف العادات العربية التقليدية وأنه أحبّها واحترمها. في نهاية الأمسية، عدتُ إلى فندقي لأُعدّ نفسي للمرحلة التالية من رحلتي فوق المحيط الغامض.

في الرابعة صباحًا، جمعتُ أشيائي وطلبتُ من المطعم إعداد بعض الطعام للرحلة. حضر السيد تشارلز، نائب قائد قاعدة غوام بعد بضع دقائق ليأخذني إلى المطار. على الرغم من أننا كنا في عطلة نهاية أسبوع، فقد كان جميع الضباط في القاعدة حاضرين لتوديعي، وحتى القائد نفسه ظهر بعد تمرينه اليومي.

صافحتُ كل من جاء ليودّعني بعد أن تأكدتُ من أن كل شيء جاهز على متن الطائرة.

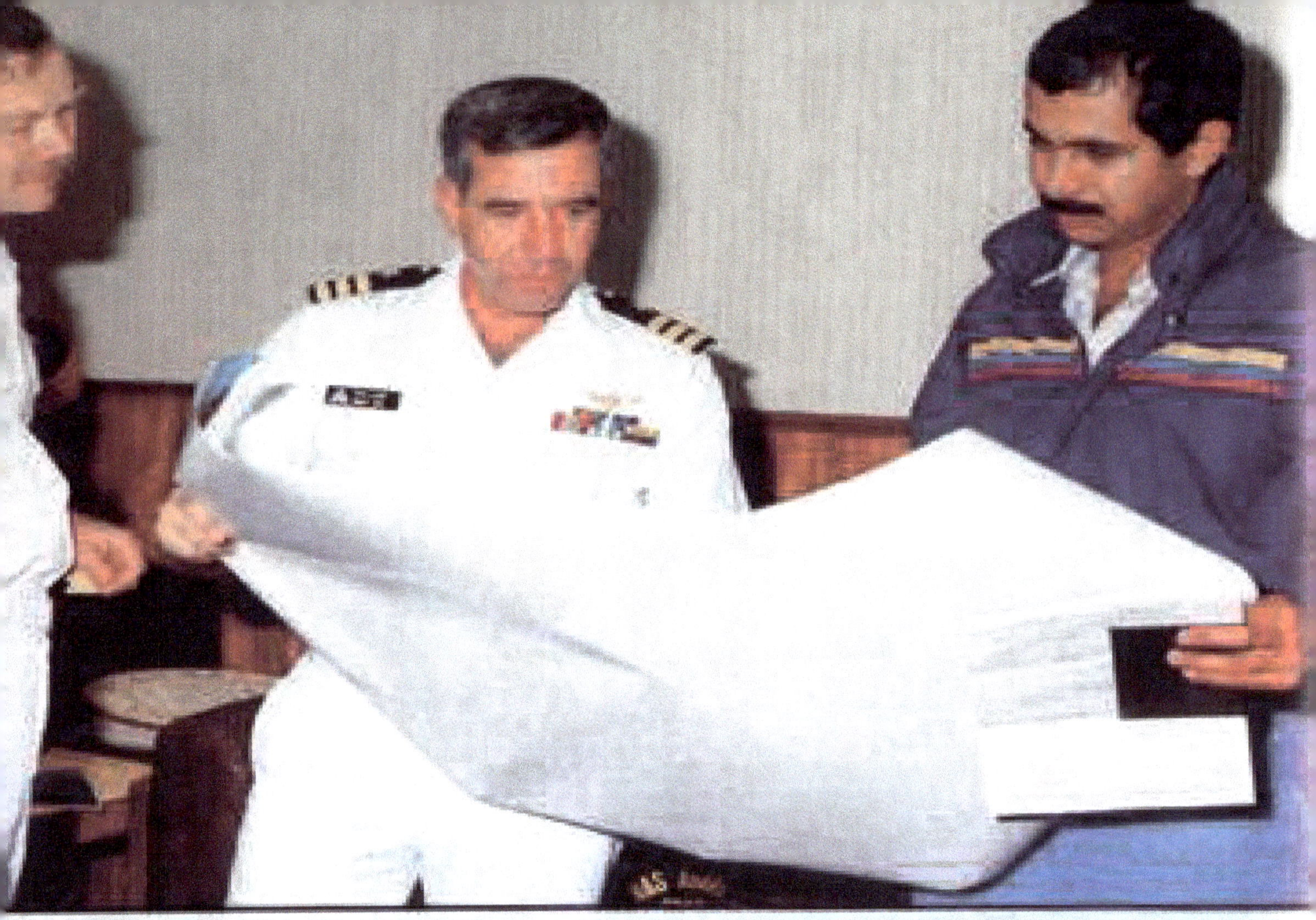

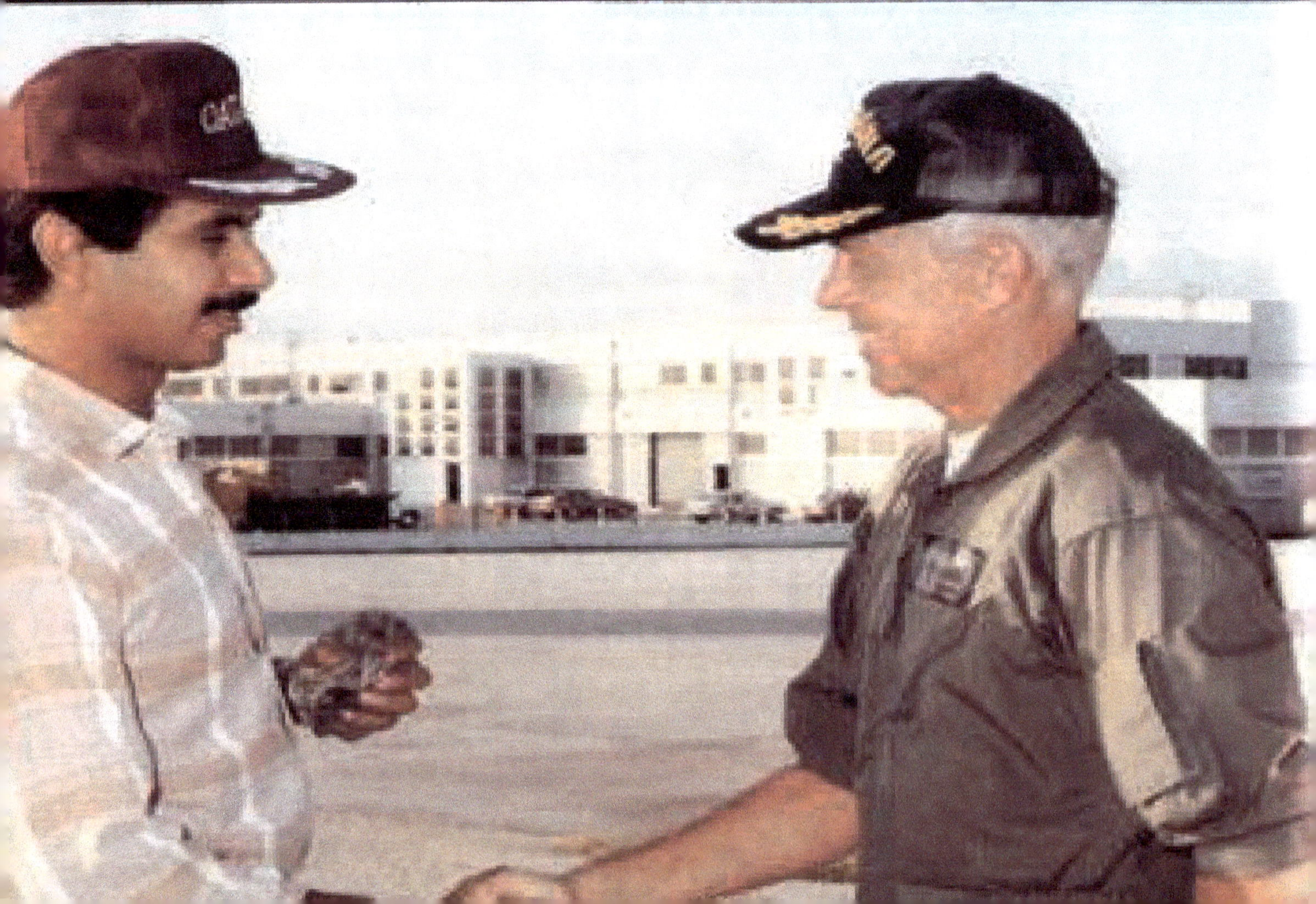

24R
24L
6L
6R
CIVIL TERMINAL
CARGO BUILDINGS
NORTH APRON
SOUTH APRON
CONTROL TOWER
TAXIWAY B CLOSED

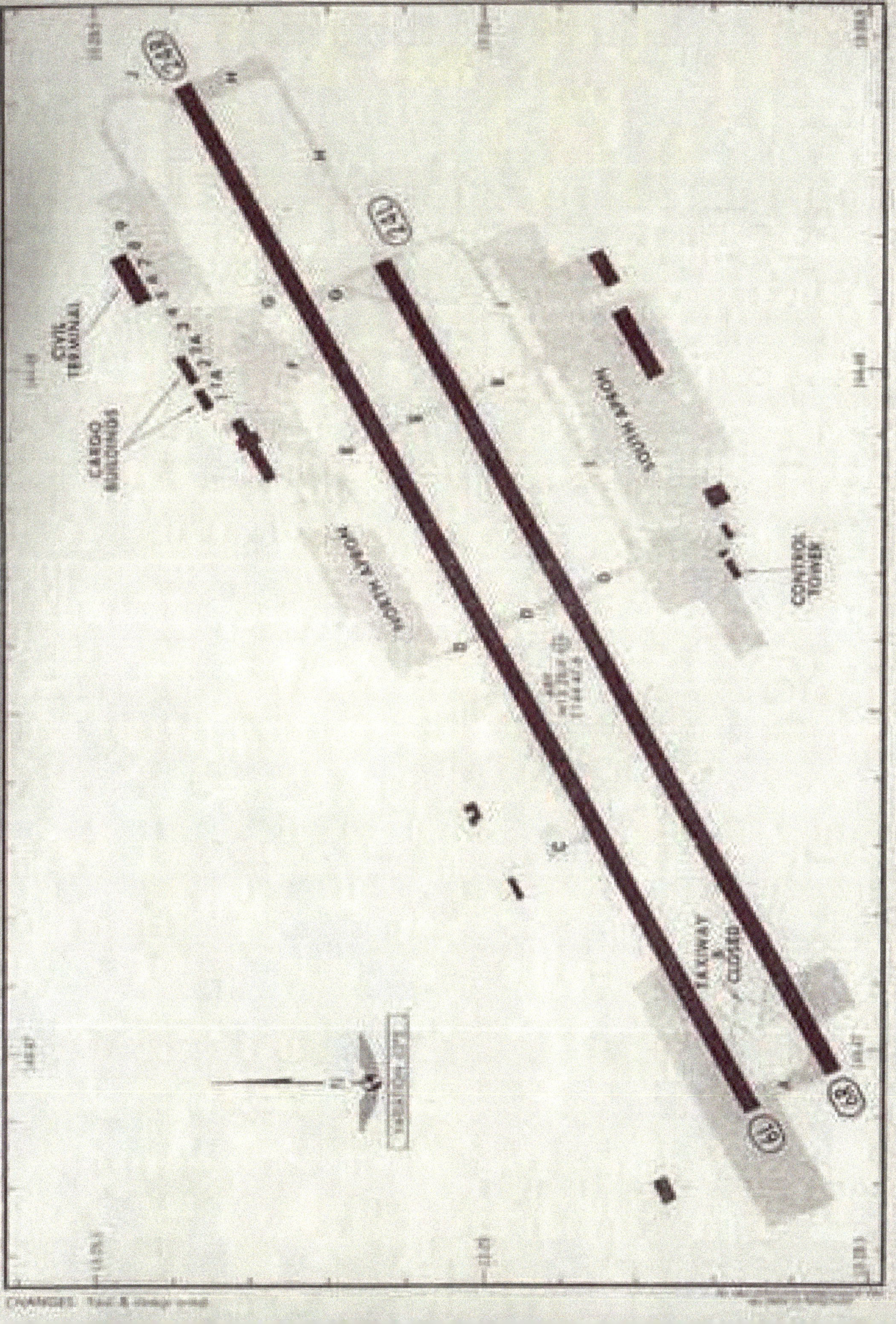

جزيرة الصواريخ

كانت الشمس تغرب وبدأ الظلام ينتشر تدريجيًا في السماء. اختفى المحيط الهادئ، الذي كذبت أمواجه اسمه، في العتمة. وقتها بدأتُ هبوطي التدريجي نحو جزر الماريانا.

طلبت مني إدارة المطار بعد هبوطي التوجه إلى موقف الطائرات العسكريه حيث تتوقف طائرات البحرية الأمريكية. وعندما توقفت هناك، وجدتُ السيد باترفيلد، قائد القاعدة، برفقة نائبه ومدير العمليات، في انتظاري، واستقبلوني بحفاوة ولطف. عندما أخبرتُ القائد أنه لا داعي للقيام بأية إجراءات رسمية، قال لي على الفور، وبأقصى درجات اللطف؛ أنهم فخورون بما أفعله. أوضح أنه عندما سمع من رئيس العمليات الأمريكية في المحيط الهادئ، المتمركز في هاواي، أنني في طريقي إلى هنا، أصر على أن يكون حاضرًا لاستقبالي.

ثم وصل مصورو القاعدة والتقطوا بعض الصور لي ومعي. بعد ذلك، قدّم لي القائد هدية بسيطة لكنها جميلة: قبعة كُتب عليها "قاعدة غوام الجوية". قال إنه بتقديمه القبعة لي، فإنه يجعلني طيارًا فخريًا في البحرية الأمريكية. سألني العديد من المسؤولين في القاعدة عن رحلتي، وعن الصعوبات والمشاكل التي واجهتها.

وأخيرًا، رافقني القائد ونائبه إلى الفندق؛ وفي الطريق لفتت انتباهي لافتة ترحّب بوصولي.

شكرتهم جميعًا عندما وصلتُ إلى الفندق، ووعدتهم بلقائهم في اليوم التالي في جولة إرشادية في القاعدة والجزر أيضًا. في الصباح، تمكنتُ من معاينة جميع الطائرات الموجودة في القاعدة وجميع الأنشطة المختلفة التي تجري هناك، ثم بدأنا جولة حول الجزيرة.

PACIFIC
OCEAN
JAPAN
Tropic of Cancer
NORTHERN MARIANAS
MARSHALL ISLANDS
FEDERATED STATES OF MICRONESIA
KIRIBATI
Gilbert Islands
NAURU
PAPUA NEW GUINEA
Bismarck Archipelago
SOLOMON ISLANDS
TUVALU
Ellice Islands
VANUATU
GUAM
PONAPE
Distance
934 n.m.
Time
6:14

جزيرة الصواريخ

MANCHURIA
Harbin
Changchun
Shenyang
NORTH KOREA
SOUTH KOREA
Pyongyang
Seoul
Taegu
Pusan
Kitakyushu
Fukuoka
Nagasaki
Kagoshima
Kumamoto
Kyushu
Shanghai
East China
Sea
Ningpo
Wenchow
Taipei
TAIWAN
(FORMOSA)
Kaohsiung
Sea
of Japan
JAPAN
Tokyo
Yokohama
Nagoya
Osaka
Kyoto
Sendai
Aomori
Hakodate
Sapporo
Hokkaido
Ryukyu Islands
Philippine Sea
Manila
PHILIPPINES
Davao
Sulu Sea
Celebes Sea
NORTHERN MARIANAS
Saipan
FEDERATED STATES OF
MICRONESIA
Caroline Islands
Banda Sea
Arafura Sea
Timor Sea
Darwin
PAPUA
NEW GUINEA
Bismarck Archipelago
MANILA
GUAM
Distance
1385 n.m.
Time
9:43

طلبتُ من ممثل شركة كاثي باسيفيك الاتصال بالفندق للسؤال عن سترتي، خشية أن أكون قد تركتها هناك. انطلق الرجل مسرعًا إلى المطار، لكنه سرعان ما عاد ليخبرني بأنهم في الفندق لا يعلمون شيئًا عن مكان سترتي، فأخبرته أنني سأنطلق مهما كانت العواقب.

كنتُ أحلق في اتجاه الشرق. وهكذا، انطلقتُ على الفور، في طريقي إلى جزر ماريانا، تلك الجزر التي اكتسبت شهرة واسعة خلال الحرب العالمية الثانية.

بدأت أصعب مراحل رحلتي بعد ذلك بوقت قصير. كان المحيط الهادئ يمتد تحتي دون أن تظهر في الأفق أية يابسة تقريبًا حتى وصولي لوجهتي. لم تكن لديّ أيّة وسائل مساعدة للملاحة الخارجية، لا على الأرض ولا في الجو. كان وقتًا حرجًا. شعرتُ بقلق عميق بطبيعة الحال، إذ لم تكن لديّ أيّة وسيلة لأعرف ما إذا كنتُ أسير على المسار الصحيح أم لا. لم تكن هناك منارة تحدد معالم الطريق أو تساعدني، بينما تمتد المساحة الشاسعة من الماء تحتي. في تلك اللحظة؛ كان عليّ الاعتماد على الله عز وجل وعلى دقة حساباتي الخاصة بناءً على المعلومات التي تلقيتها.

فقدتُ الاتصال بالفلبين بعد تسعين دقيقة. بدأتُ في فحص خريطتي للعثور على تردد آخر للاتصال اللاسلكي. جرَّبتُ جميع ترددات الموجة الطويلة المُدرجة، ولكن دون جدوى. بعد ساعات لا نهاية لها من المحاولات غير الناجحة؛ تمكنتُ أخيرًا من الاتصال بمركز راديو هونولولو التابع للولايات المتحدة.

سألني قسم المراقبة الجوية عن موعد وصولي إلى هاواي، قبيل وصولي إلى غوام مباشرةً. أخبرته أنني أتوقع الوصول إلى هناك في أقل من ثلاثة أيام بقليل. ثمّ حوّلني إلى مركز غوام الجوي. كنتُ الآن قريبًا بما يكفي لاستقبال إشارة نظام الملاحة اللاسلكي (VOR)، وأكد جهاز تحديد الاتجاه التلقائي (ADF) ذلك. شعرتُ بسعادة غامرة لأن وحدتي كانت على وشك الانتهاء.

MANILA

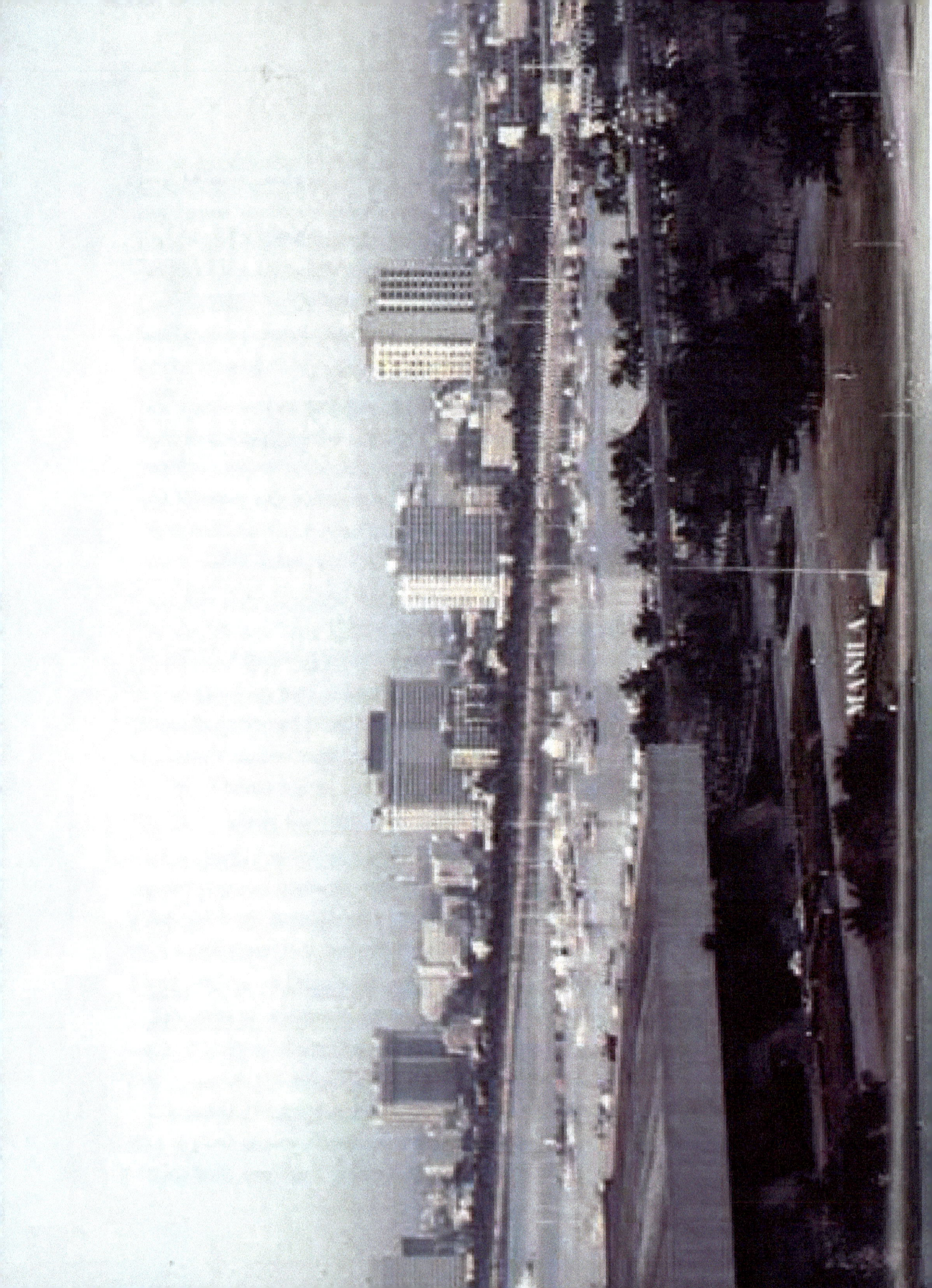

طلب مني أن أدفعَ الحافلة، ولم أستطع الرفض، على الرغم من أن كتفي كانت تؤلمني من حمل حقائبي الثقيلة. وعلى الرغم من أنني دفعتُ الحافلة مرارًا وتكرارًا، إلا أنها لم تعمل البتة. ازداد إحراجي عندما وقف الحراس، الذين كانوا يُبدّلون نوبتهم، يبتسمون وينظرون إلينا. أخيرًا، صعدتُ إلى الحافلة بنفسي وطلبتُ من الرجل الآخر أن يدفع، لكن لم تنجح هذه المحاولة أيضًا.

طلبتُ منه أن يأخذني إلى المطار سيرًا على الأقدام لتجنب المزيد من إضاعة الوقت. وهكذا، مررنا بجميع الطائرات الضخمة التي كانت تزدحم في منطقة الموقف، التي بدت وكأنها طيور عملاقة من كوكب آخر، وما زالت طائرتي الصغيرة تنتظرني من بعيد كحمامة صغيرة.

كان ضابط الجوازات موجودًا بالفعل عندما وصلتُ إلى الطائرة. دفعتُ رسوم المطار وبدأتُ في وضع حقائبي في الطائرة. حينها أدركتُ أنني أضعتُ سترتي، والأهم من ذلك أنها كانت تحتوي على محفظتي التي بها رخصة طيراني. كانت هذه مشكلة حقيقية بالطبع. فيجب أن أحمل رخصتي - أو على الأقل نسخة مصورة منها - معي في جميع الأوقات، وكذلك رخصتي الطبية؛ ماذا بوسعي أن أفعل؟

في صباح اليوم التالي، عدتُ إلى المطار وقابلتُ ممثل شركة كاثي باسيفيك ورتّبتُ معه إعادة تزويد الطائرة بالوقود لرحلة اليوم التالي، كما طلبتُ أحدث المعلومات من مكتب الأرصاد الجوية. قابلتُ هناك قائد طائرة طيران الخليج الذي أخبرني أنهم جميعًا كانوا يتابعون رحلتي باهتمام وتمنّوا لي التوفيق. ثم أخذني إلى قمرة قيادة طائرته، وبينما كنتُ في المطار، قابلتُ ممثل الخطوط الجوية الكويتية وتحدثتُ معه لبعض الوقت.

ثم عدتُ إلى الفندق لأخلد إلى النوم. كنتُ أخطط للاستيقاظ مبكرًا، حيث رتبتُ للقاء مسؤول حركة المرور في شركة كاثي باسيفيك خارج صالة المغادرة في الساعة الخامسة صباحًا. حمدًا لله؛ وصلتُ في الوقت المناسب، حيث كنتُ مُتلهفًا لمغادرة مانيلا والبدء في رحلتي إلى جزيرة غوام.

مرّت الدقائق ببطء الساعات كالعادة. كانت المنطقة خارج المبنى مُزدحمة بالباعة المتجولين، الذين كانوا يحاولون جميعًا جذب انتباهي للشراء منهم. نفد صبري تمامًا بعد حوالي 45 دقيقة من هذا الوضع. قررتُ الذهاب إلى مكتب الأرصاد الجوية ثم إلى طائرتي، التي كانت تبعد أكثر من كيلومتر.

لذا، رفعتُ حقائبي على كتفيّ، وصعدتُ السلالم إلى مكتب الأرصاد الجوية، الذي كان يقع في الطابق العلوي من صالة المغادرة.

هناك وجدت مسؤول الأرصاد الجوية ينتظرني ومعه ملف من الأوراق يُظهر الظروف الجوية المُتوقعة وحالة الرياح السائدة.

ثم نزلتُ إلى الطابق السفلي مرة أخرى، وكنت ما أزال أحمل حقائبي الثقيلة، لأجد أن مكتب كاثي باسيفيك لا يزال مُغلقًا. لقد فوجئتُ بذلك حقًا، حيث وعدني المدير بالاجتماع بي هناك في وقت مبكر جدًا، وكانت الساعة الآن تقارب السابعة. لم أكن أعرف ماذا أفعل، حيث كان الرجل يحتفظ بجميع وثائقي وكنتُ قد خططتُ للمغادرة مبكرًا للوصول إلى غوام قبل غروب الشمس.

وفجأةً، رأيته يُلوّح لي من أعلى المبنى. أتى مُسرعًا، وهو يرتدي بدلة رياضية، مُعتذرًا عن وصوله متأخرًا. قادني خارج المطار ثم عبر بوابة كان يقف عليها جندي حارس. وُضعت حقائبي في حافلة صغيرة قديمة صدئة، ولكن عندما حاول الرجل تشغيلها، وجد أن البطارية فارغة!

بعد خروجي من مجال بروناي الجوي، حلّقتُ فوق ماليزيا ثمّ فوق جُزر الفلبين، حيث استولت المشاهد الطبيعية الساحرة على عقلي من جديد. كان المظهر فائق الجمال، فقرّرتُ التقاط بعض الصور، ولسوء الحظ، حالت الخدوش على زجاج نافذة الطائرة دون إظهار الجمال الحقيقي للمكان، كما واجهتُ صعوبة في إبعاد جناح الطائرة ومحركها عن إطار الصور.

كان مشهدًا لا يُنسى. برزت الجبال الشاهقة شاخصة كعمالقة تحرس الرياض المتنوّعة من الخضرة، وقد تلألأ البحر وتوهّج بأضواء ذهبية. تجمَّلت الشمس بينما تغيب ببطء تحت الأفق وكأنّ جمال المشهد يفوق قدرتها على التحمّل.

بدأتُ الدنو من مطار مانيلا مع غروب الشمس، وكان هبوطي التدريجي صعبًا بسبب الاضطرابات الجوية العنيفة التي تسبّبت بها الجبال.

كانت طائرتي هي الطائرة الثالثة التي تهبط في ذلك الوقت، وسلكتُ مسار طائرة تابعة لشركة كاثي باسيفيك من نوع ترايستار. تذكّرتُ الوقت الذي قضيته في الطيران على متن طائرات ترايستار طيران الخليج عندما كانت اعمل طياراً، وها أنا الآن قادمًا من أقصى بقاع الأرض إلى الفلبين على متن طائرتي الخفيفة ذات المحركات المروحيه.

وُجّهتُ بعد هبوطي إلى منطقة وقوف تبعد قليلًا عن مبنى المطار. رأيتُ خمسة أشخاص ينتظرونني عندما نزلتُ من طائرتي. أحدهم كان ممثل شركة كاثي باسيفيك المعني بتحصيل التصاريح اللازمة لرحلتي القادمة. أمّا الآخرون فكانوا السيد إبراهيم مطر من طيران الخليج، ومدير محطة طيران الخليج، وموظفي الجوازات والجمارك.

أوصلني ممثل طيران الخليج إلى الفندق، وبعد أن أجريتُ بعض المكالمات الهاتفية، أخذني السيد مطر إلى مطعم يُقدّم المأكولات البحرية، وطلب لي وجبة استاكوزا لذيذة، من النوع الكبير حقًا.

تشتهر الفلبين - كغيرها من دول جنوب شرق آسيا - بمطاعم المأكولات البحرية التي تُقدّم أنواعًا عديدة من الأسماك والقشريات الغريبة.

لقد استمتعتُ بجمال الطبيعة في الجزر الفلبينية، ووجدتُ أهلها ودودين للغاية ويسهل التعامل معهم.

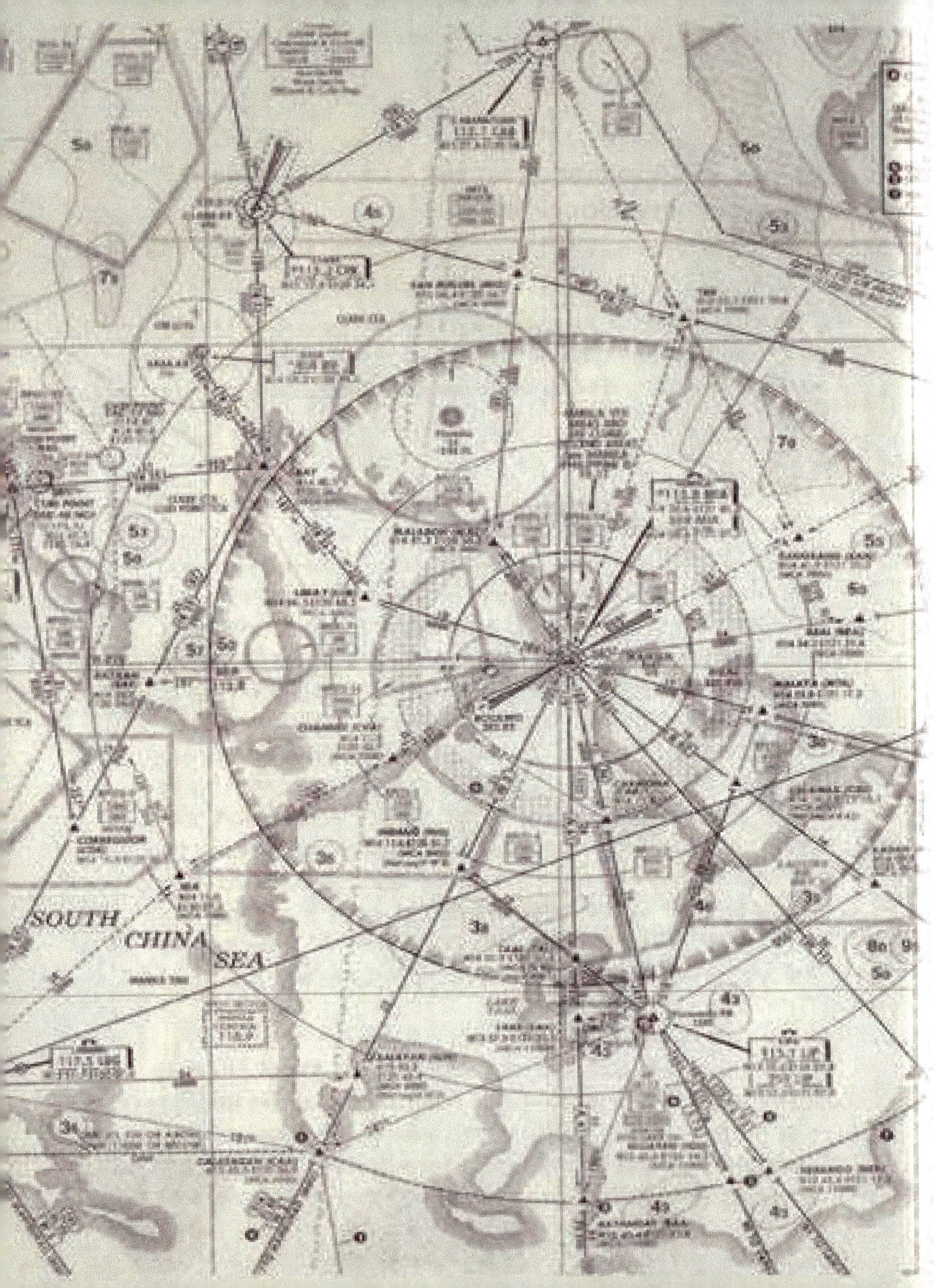

SOUTH CHINA SEA

هناك في الفلبين .... فقدت جميع مستنداتي!

بعد أن غادرت سنغافورة أخيرًا، كنت في طريقي إلى مانيلا بعد أيام طويلة من الوحدة التي قضيتها في انتظار ما ستكشفه لي مسار الرحلة المقبلة. كان الطقس غائمًا، ثم ما لبثت الأمطار أن هطلت بغزارة، وازدادت الاضطرابات الجوية بشكل مقلق. بدأت الطائرة تتأرجح بعنف، واضطررت إلى فصل الطيار الآلي. كانت الأجواء في غاية الصعوبة، لكنني كنت على يقين أن الله تعالى سيحفظني وسأصل إلى وجهتي سالمًا.

ومع اقترابي من سلطنة بروناي، بدأت الاضطرابات الجوية تهدأ، وتلاشى الغطاء السحابي تدريجيًا. انفتحت أمام ناظري مشاهد طبيعية ساحرة، بألوانها الزاهية، وكأنها لوحات فنية مذهلة من الخالق لا يستطيع العقل البشري تصورها أو محاكاتها. في تلك اللحظة، قلت لنفسي: "لو أن الدول التي تنفق مليارات الدولارات على تصنيع الأسلحة النووية توجه جزءًا من جهودها للحفاظ على جمال هذا العالم الذي أبدعه الله، لكان الإنسان أحق بالتقدير والاحترام". نحن بحاجة إلى حب هذا الكوكب والحفاظ عليه، لا إلى تدميره.

وعندما اقتربت من مطار سلطنة بروناي، تواصلت مع مسؤول الرادار الذي أخبرني أن السيد سعد الدباغ من وكالة الأنباء القطريه كان يسأل عن تقدم سير الرحلة. طلبت منه أن ينقل تحياتي إلى السيد سعد ويؤكد له أن كل شيء يسير على ما يرام وفقًا للجدول المُحدد. كنت ممتنًا لاهتمام سعد، وأيقنت أنني محاط بأصدقاء من أنحاء العالم يبادلونني المشاعر ذاتها.

مانيلا

JAPAN
MANCHURIA
NORTH KOREA
SOUTH KOREA
Sea of Japan
Yellow Sea
East China Sea
Philippine Sea
SOUTH CHINA SEA
PHILIPPINES
VIETNAM
TAIWAN
Sakhalin
Hokkaido
Tokyo
Yokohama
Nagoya
Osaka
Kyoto
Sendai
Sapporo
Harbin
Changchun
Shenyang
Fushun
Peking
Tientsin
Taiyuan
Tsinan
Pyongyang
Seoul
Taegu
Pusan
Kitakyushu
Fukuoka
Nagasaki
Kagoshima
Nanking
Shanghai
Wuhan
Chungking
Wenchow
Naha
Taipei
Hong Kong
Macao
Manila
Da Nang
Ho Chi Minh
SABAH
Celebes Sea
SINGAPORE
MANILA
Distance
1391 n.m.
Time
9:58

عند سماعي للخبر، انتابتني نوبة من القلق واليأس. شعرت وكأن الطريق أصبح مسدودًا أمامي، وأن الرحلة التي بدأت بتفاؤل باتت تواجه العديد من العقبات التي تحيط بي من كل جانب.

قررت أن أعود إلى الدوحة كمسافر على متن إحدى الرحلات الجوية التجارية، على أمل أن أتمكن هناك من الحصول على التصريح الذي أحتاجه. لكن الطقس لم يكن في صالحي، حيث استمر الظلام يلف الأجواء والأمطار تتساقط بغزارة، بالإضافة إلى شعوري بالعزلة والوحدة، إذ لم يكن لي رفيق أستطيع أن أبادل معه الحديث لتخفيف عبء الوقت الطويل.

لكن إرادة الله كانت أقوى من أي شيء آخر، فهدأت نفسي وأخذت أوراقي وخرائطي لأعيد حساباتي وأدرس مساري من جديد. اكتشفت أنه بإمكاني تغيير مساري بالكامل وتفادي المرور فوق إندونيسيا إذا ما اتجهت نحو الفلبين. على الفور، تقدمت بطلب لإذن بالهبوط في مطار مانيلا، وطلبت من وزارة الخارجية القطرية مساعدتي في الحصول على التصاريح اللازمة.

ومع مرور الأيام، بدأ الضوء يظهر في نهاية النفق، رغم أن المفاوضات كانت تستغرق وقتًا طويلًا. في هذا السياق، أود أن أعبر عن بالغ شكري وامتناني لسعادة السيد جوزيف قوقسيان، السفير الأمريكي في قطر، الذي كان له دور حاسم في تسريع إجراءات الحصول على التصاريح. فقد بذل جهدًا استثنائيًا في مساعدتي، وبفضل ذلك تمكنت من الحصول على إذن بالهبوط في جزيرة غوام وبعض القواعد العسكرية الأخرى في المحيط الهادي كما أصدر تعليماته بتوفير كافة التسهيلات اللازمة لي، مع ضمان تقديم الدعم الذي أحتاجه في أي لحظة. كما أوجه شكري العميق أيضًا إلى وزارة الخارجية القطرية التي كانت جزءًا أساسيًا في تسهيل الإجراءات، لا سيما فيما يتعلق بالحصول على إذن بالهبوط في الفلبين وغوام.

خلال الأيام التالية، شرعت في فحص الطائرة بشكل دقيق، لأكتشف أن العطل الذي تم إصلاحه في الدوحة لا يزال قائمًا. طلبت من إحدى شركات الصيانة إجراء فحوصات إضافية، ولكنها لم تتمكن من تحديد السبب. وعلى الرغم من ذلك، قررت التوجه إلى ما يسمى بـ "سوق اللصوص" الذي رغم اسمه هذا يبيع سلعًا جديدة؛ وهناك اشتريت خرطومًا بلاستيكيًا قد يساعدني في حال كانت فتحات مضخات الوقود في الفلبين أكبر من خزانات الوقود للطائرة، كما حدث في جزيرة كريت.

فور وصولي إلى الفندق، بادرتُ بالاتصال بأصدقائي وأفراد عائلتي في قطر لأعلمهم بوصولي سالمًا. لكن بسبب شدة إرهاقي، واجهت صعوبة في استعادة التفاصيل الدقيقة للرحلة وسرد أحداثها.

ونظرًا لأن سنغافورة تقع على بُعد درجتين فقط شمال خط الاستواء، قررتُ تعديل مساري، خاصة أن المطار الذي كنت أتوجه إليه في بابوا غينيا الجديدة كان يبعد أكثر من 2000 ميل. كما قررتُ تأجيل مغادرتي إلى اليوم التالي بسبب الرياح المعاكسة التي سببها الرياح التجارية بالقرب من خط الاستواء.

قمتُ بإتمام كافة الإجراءات اللازمة مع السلطات المختصة التي منحتني التصاريح المطلوبة. ثم تقدمتُ بطلب لتغيير تاريخ ومسار رحلتي، بحيث أتمكن من التزود بالوقود في مطار يبعد حوالي 1000 ميل. وانتظرتُ الرد.

في صباح اليوم التالي، تلقيتُ تلغرافًا يفيد برفض السلطات الإندونيسية طلبي، حيث أفادت أن التصريح لن يتوفر في الوقت المحدد، وإنما سيكون متاحًا بعد أسبوع.

نقلتُ هذه المعلومات إلى موظف الرادار، فأوصاني بالتواصل مع برج المراقبة. وقد أخبروني أنه يمكنني الاقتراب بشكل موازٍ للمدرج، ثم الهبوط، حيث كان المدرج خاليًا تمامًا.

بعد الهبوط، توجهت إلى الزاوية التي أرشدني إليها برج المراقبة. أوقفت الطائرة، وترجلت منها، ثم انطلقت نحو البرج المظلم لألتقي بمسؤول مراقبة الطائرات. كانت الظلمة شديدة، وقد كان شاقًا للغاية رؤية طريقي حينها، ومن ثم التقيت هناك بموظفة رائعة، لا تزال تعمل في تلك الساعة المتأخرة من الليل.

سألتها إن كان بإمكانها تزويدي بالخرائط الملاحية التي تحتوي على المعلومات التي أحتاجها، فأجابت بأسف أنها لا تملك ما طلبت، لكنها قدمت لي خرائط أخرى ظنت أنها قد تكون مفيدة. أخذتها منها شاكرًا، وخرجت من المبنى متوجهًا إلى المطار. كان الوقت يقترب من منتصف الليل، والمطر يهطل بغزارة.

أخذت كل ما احتجته من قمرة القيادة، ثم وجهت طائرتي للخلف لتأخذ مكانها بين الطائرات الأخرى. عدت بعدها إلى مبنى المطار لإتمام إجراءات الجوازات والجمارك. وهناك، أُبلغت أن شخصًا يدعى سعد قد اتصل بي من قطر.

في تلك اللحظة، رن الهاتف وكان الاتصال موجهًا إليّ. كان السيد سعد الدباغ من وكالة الأنباء القطريه، الذي بدا قلقًا بسبب عدم تمكني من الرد على مكالمته السابقة. وعدته بأنني سأتصل به من الفندق، وأخشى أن صوتي المرتفع قد أيقظ الجميع في المكتب.

غادرتُ مبنى المطار، الذي كان لا يتجاوز ثلاث غرف كبيرة، ووجدتُ سيارة الأجرة في انتظاري. أخبرني السائق أنه كان يعلم أنني سأصل في أي وقت خلال الساعة. اعتذرتُ له عن تأخري. وأثناء طريقنا إلى الفندق، اكتشفت السبب وراء انتظار التاكسي. فقد كان المطار تحت إشراف عسكري، ولم يكن مسموحًا للسيارات الأجرة بالاقتراب إلا بعد هبوط طائرة مدنية.

SINGAPORE, SINGAPORE I.

SELETAR

VICINITY CHART

NDB 220 SEL

Apt. Elev 35'

SELETAR Tower 118.45

Ground 121.6

Alt Set: MB (IN on req) | Trans level: FL 130 Trans alt: 11000'(10965')

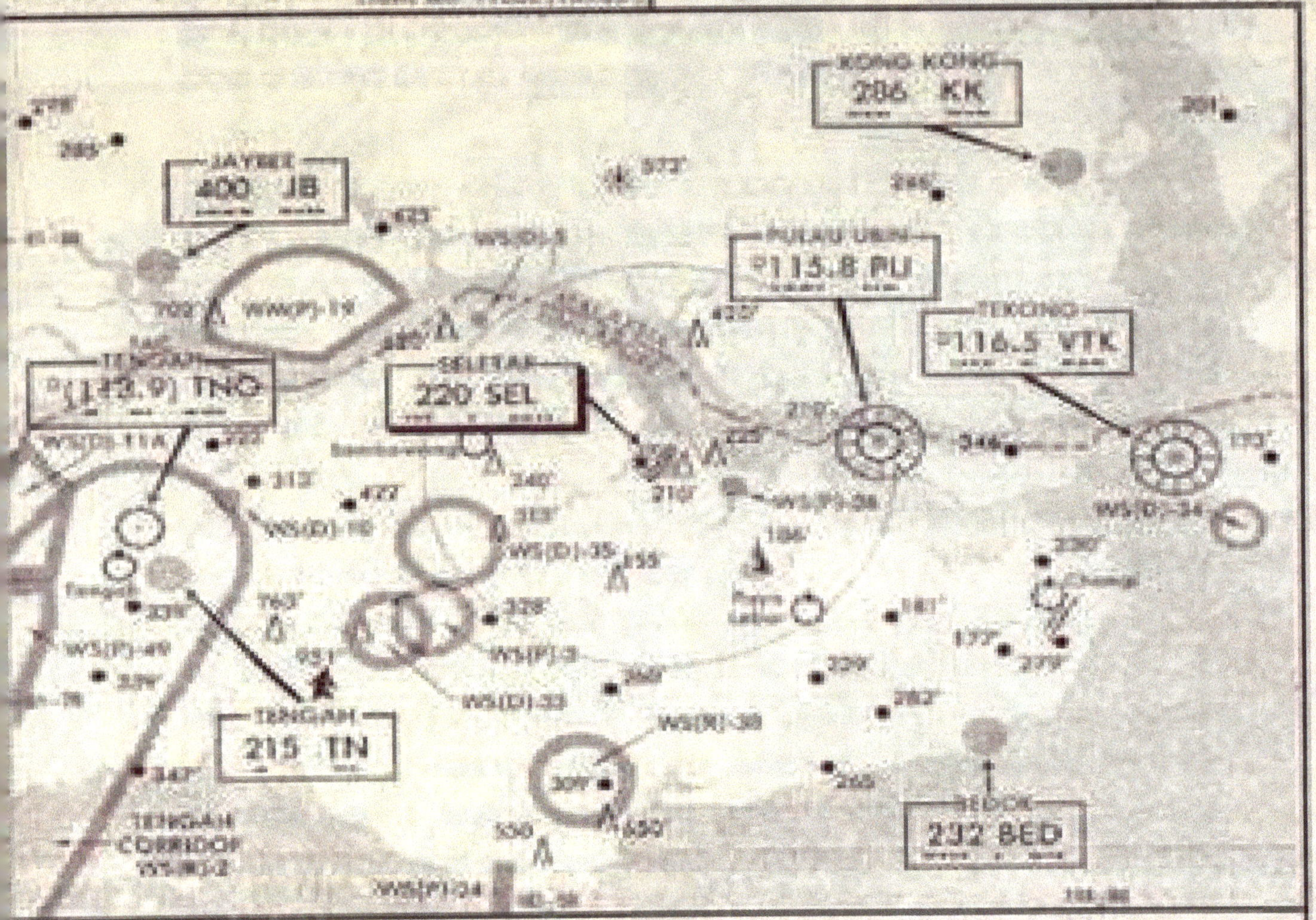

KONG KONG
JAYBEE
400 JB
PULAU UBIN
TEKONG
116.5 VTK
SELETAR
220 SEL
TENGAH
215 TN
BEDOK
232 BED
WS(D)-5
WS(D)-11A
WS(D)-35
WS(D)-34
WS(P)-49
WS(P)-3
WS(D)-33
WS(R)-38
TENGAH CORRIDOR

NO PROCEDURE REPORTED

ثم بدأ المطر يهطل بغزارة، وسمعت صوت قطراته وهي تضرب هيكل الطائرة، كما لو كانت رصاصات. كانت المحركات مغطاة بالكامل بالسحب، بينما أضواء الأجنحة كانت تتألق وسط هذه السحب، تومض وتتلألأ كما لو أنها جبال من الفضة المتأثرة بالأضواء.

كانت تلك ساعات شديدة الصعوبة، حيث تطلبت مني كامل قوتي الذهنية وتركيزي. شعرت وكأن الطائرة مجرد قشة صغيرة تقاوم العواصف الرعدية والأمطار الغزيرة. في تلك اللحظات، أدركت أكثر من أي وقت مضى مدى ضعف الإنسان، مهما امتلك من شجاعة أو علم. فالحقيقة الوحيدة هي أن الله تعالى وحده هو القادر على كل شيء، وهو الذي يمنحنا الحياة وييسر لنا النور من قلب الظلام.

مع انقضاء هذه الساعات العصيبة، بدأت تظهر على شاشتي رادار السواحل الجنوبية الشرقية لآسيا. ومع ذلك، لم أكن متأكدًا من موقعي بالضبط. كانت إشارة نظام الملاحة الجوي (VOR) أمامي معطلة، وبما أنني كنت أطير فوق خليج البنغال، كان أي انحراف قد يعني أنني أقترب من سواحل ماليزيا أو تايلاند أو حتى بورما.

وعندما كنت على بعد حوالي 20 ميلًا من الساحل، تمكنت أخيرًا من التواصل مع مراقب الحركة الجوية في إندونيسيا، وكان يبدو عليه القلق الشديد بشأن تحديد موقعي الدقيق. طلبت منه أن ينتظر لبضع لحظات، وأجريت فحصًا آخر باستخدام إشارة نظام الملاحة الجوي (VOR)، وتأكدت أنني على المسار الصحيح. أخبرته بموقعي الفعلي، وواصلت الطيران عبر ماليزيا نحو سنغافورة.

قادني مسؤول مراقبة الطائرات في سنغافورة إلى مطار سيلتر، وهو مطار صغير ولكنه مشترك بين الأغراض العسكرية والمدنية. كان المطر يتساقط بغزارة، وكان المسؤول يوجهني إلى المطار على ارتفاع منخفض. سألني بعد ذلك إذا كنت أستطيع رؤية المطار. أخبرته بأنني لا أستطيع، بسبب كثافة الأمطار ووجود الغيوم. وبعد لحظات، أخبروني بأنني فوق المطار بالفعل. مرة أخرى، سألوني إذا كنت أستطيع رؤيته، فإمعانًا في النظر للأسفل، استطعت، بصعوبة بالغة، أن أميز أضواء المطار وأضواء المدرج المتناثرة.

SEA
OF
MALACCA
AREA

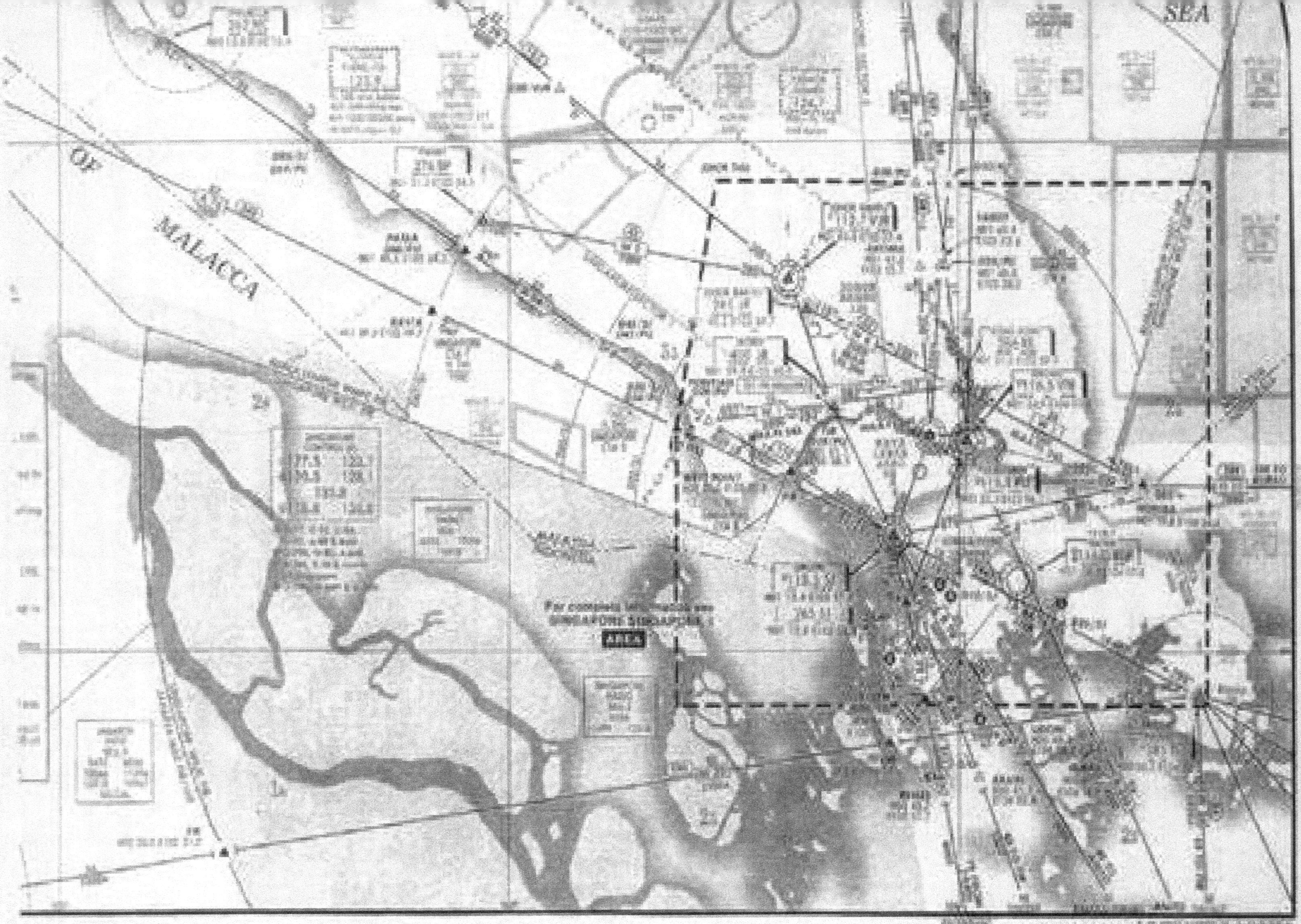

الصوت الغامض

بينما كنت أطير فوق سواحل الهند على ارتفاع 3000 قدم، في ظروف جوية صعبة وغائمة، دوى داخل المقصورة صوت شديد كطلقة نارية، مما أثار في قلبي رهبة مفاجئة. لم يكن أمامي سوى خزانات الوقود، ففعلت وضع الطيار الآلي وبدأت أبحث في كل ركن عن مصدر ذلك الصوت. ولكن لم يكن هناك ما يثير القلق، حتى فوجئت بعد بضع دقائق برائحة تخمر غريبة. تذكرت حينها، فسرعان ما نظرت خلف مقعدي فوجدت زجاجة عصير البرتقال التي أهداني إياها صديقي محمد عاشيّر، وقد انفجر سدّادها. لقد كان هذا هو سبب الصوت المفزع. ابتسمت في نفسي قائلًا: "غفر الله لك يا أبا حمد".

كنت أسير في اتجاه الشرق تقريبًا، والرياح الشمالية الشرقية تعصف بي، مما جعل الرحلة تزداد صعوبة. كنت قد ابتعدت عن نطاق أي إشارات ملاحية، وكنت أدرك أن المساعدات الملاحية في شمال إندونيسيا كانت غير فعّالة.

كان من المفترض أن أمر فوق جزيرة صغيرة على مساري، لكنني فوجئت بأنني اقتربت من بعض الجزر التي تقع شمال مساري. لذلك كان علي أن أستمر في الطيران نحو الجنوب الشرقي للعودة إلى المسار الصحيح في أسرع وقت ممكن.

راجعت المعلومات التي تم تزويدي بها في مدراس، واكتشفت أن حساباتي كانت دقيقة، لكن البيانات التي تلقيتها كانت غير صحيحة. كانت الرياح تهب من الجنوب الشرقي، وهو ما جعل الطائرة تنحرف عن مسارها. أصبح القرار صعبًا، ولا أملك أي وسائل فحص أو تأكيد خارجي يمكن أن تساعدني. كل شيء كان يعتمد على قراري الشخصي، متوكلًا على الله عز وجل.

وفي تلك اللحظة، غمرني الظلام واشتد الاضطراب الجوي. بدأت الغيوم تتخذ أشكالًا غريبة، كأنها ناطحات سحاب عملاقة، مرتفعة أمامي، في مشهد مرعب لكنه مذهل في آنٍ واحد.

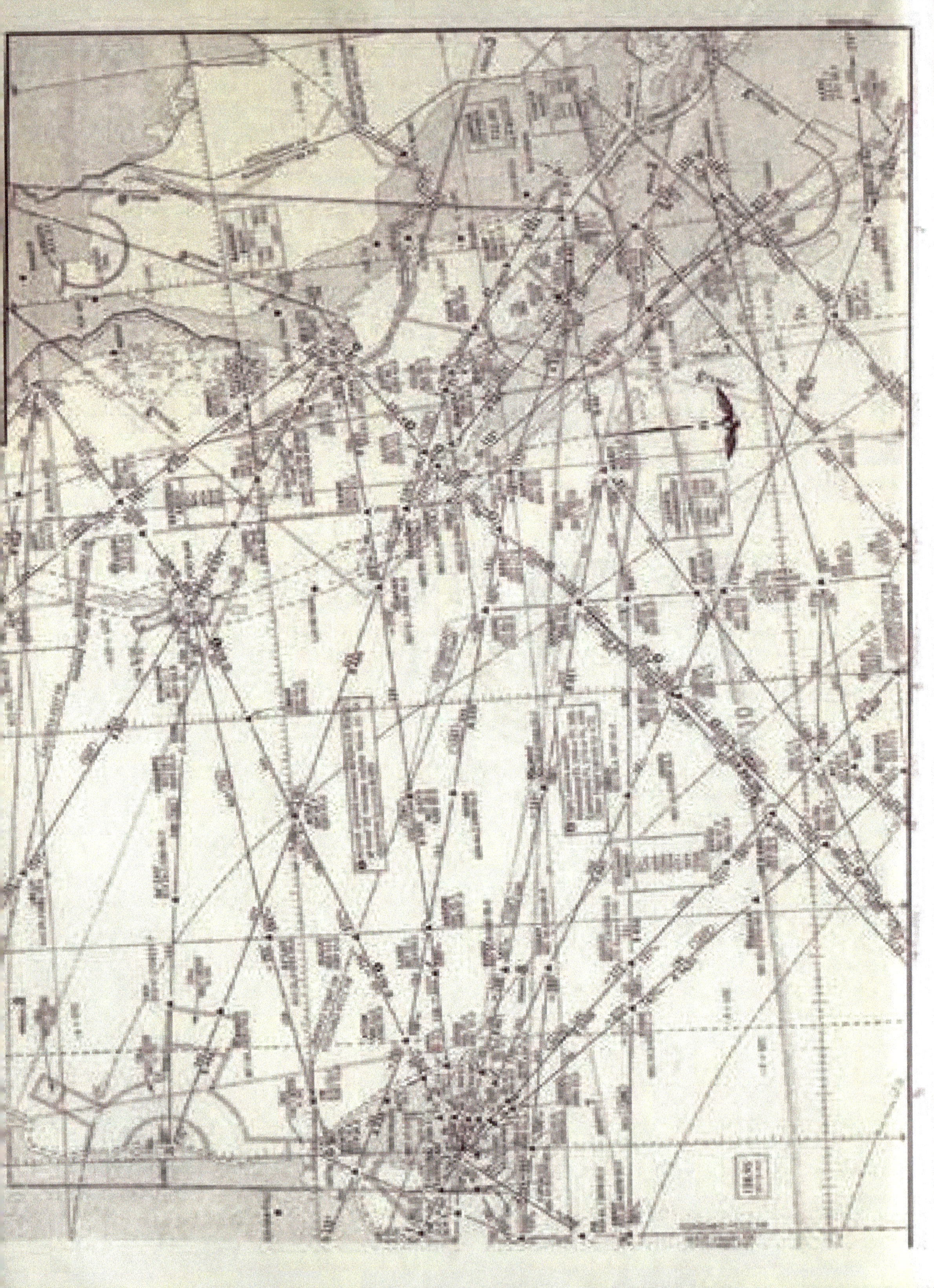

الصوت الغامض

MONGOLI
TIBET
C H I
AFGHANISTAN
PAKISTAN
INDIA
Karachi
Ahmadabad
Bombay
Poona
Hyderabad
Madras
Calcutta
Arabian Sea
Bay of Bengal
BANGLA DESH
BURMA
Rangoon
THAILAND
Bangkok
SRI LANKA
Colombo
MALDIVES
Andaman Sea
Sumatra
INDIAN OCEAN
MADRAS
SINGAPORE
Distance
1563 n.m.
Time
11:44

جاءت المكالمة في الوقت المحدد تمامًا، ولكنني كنت في غاية التعب لدرجة أنني تأخرت في الرد. ومع ذلك، سرعان ما تمالكت نفسي وأجبت على الهاتف، ثم استعددت بسرعة. وعندما وجدت السائق ينتظرني بالفعل في بهو الفندق، غادرت المكان على الفور.

كانت الرحلة إلى المطار بائسة تمامًا كما كانت إلى الفندق. لكن هذه المرة، كان السائق يشعل أعواد البخور التي كانت تبرز عموديًا من حامل الرماد بجانبها. تمنيت ألا تسقط على المقعد وتسبب حريقًا. ولو كان بيدي الأمر، لربما ألقيتُ تلك الأعواد خارج السيارة على الفور!

الحمد لله، وصلنا إلى المطار بسلام. استغرق الأمر مني أكثر من ساعتين لإنهاء إجراءات الجمارك والصحة ومراقبة الجوازات، ومن ثم الحصول على معلومات الرحلة اللازمة من المكتب. وعندها، تمكنت من تخطيط مساري وحساب المدة المتوقعة للرحلة، مع الأخذ بعين الاعتبار الرياح وظروف الطقس على الارتفاعات المختلفة. بعدها، توجهت إلى الطائرة لإجراء الفحوصات قبل الرحلة والتأكد من تعبئة خزانات الوقود.

أقلعت من مطار مدراس وأنا أفكر بعمق حول الرحلة الشاقة التي تنتظرني عبر خليج البنغال والمحيط الهندي.

قلت في نفسي إن الرحلة الطويلة والمملة فوق المحيط الهندي كانت أقل مشقة وخطورة مقارنة بهذه الرحلة في التاكسي. كان السائق، شاب في أوائل العشرينات من عمره، يقود بسرعة فائقة على طريق مليء بالمطبات والحفر، وكانت السيارة تتأرجح في جميع الاتجاهات. وبطبيعة الحال، مع إغلاق النوافذ، كانت الحرارة لا تُطاق، شعرت وكأنني أذوب تحت وطأتها.

بعد عشرين دقيقة طويلة، انتهت رحلتنا المرهقة، التي زادت من معاناتها الروائح الكريهة من الدخان والغبار والدخان المتصاعد من السيارات، عندما وصلنا أخيرًا إلى الفندق.

في الفندق، وجدت تلغرافًا ينتظرني به تصريح عبور المجال الجوي الإندونيسي. كما كان هناك خطاب من ممثل السفارة القطرية في نيودلهي، الذي كان قد اتصل بالفندق أيضًا.

بادرت بالاتصال به على الفور، فأجابني الشاب اللطيف الذي نقل لي تحيات سعادة السفير. أخبرني أنه حاول عدة مرات حجز رحلة على طائرة طيران الهند إلى مدراس، لكنه لم يفلح. وأوضح أن شركة الوقود في المطار قد تم توجيهها لتوفير كافة احتياجاتي من الوقود.

شكرته على مساعدته، وطلبت منه أن ينقل تحياتي وتقديري إلى سعادة السفير وكافة موظفي السفارة.

ثم توجهت إلى غرفتي وطلبت العشاء. كنت متعبًا للغاية، بل مرهقًا تمامًا، لكنني لم أنسَ مكالمتي الهاتفية المعتادة إلى الدوحة. وبعدها، وبما أن الساعة كانت قد تجاوزت منتصف الليل، طلبت من الموظف أن يوقظني في الساعة الرابعة صباحًا، حتى أتمكن من ترتيب أمور رحلتي. ثم ذهبت إلى سريري. كان التصريح لعبور الأجواء الإندونيسية صالحًا ليوم واحد فقط، وإذا لم أتمكن من استغلاله في الوقت المحدد، فسيكون عليَّ الحصول على تصريح جديد، وهو ما قد يستغرق أسبوعًا على الأقل.

كنت في غاية السعادة عندما لمحت أضواء مدرج الطائرة تلوح في الأفق بعد تلك الرحلة الطويلة والمملة.

وبعد الهبوط والوصول الى موقف الطائرات تم إيقاف المحركات، اقترب مني أحد موظفي طيران الهند لمساعدتي في إتمام الإجراءات المعتادة.

بعد اجتياز مرحلة الجوازات، وصلنا إلى الجمارك، حيث كانت مفاجأة غير متوقعة في انتظاري. فقد سألني أحد ممثلي وزارة الصحة أو الزراعة، لا أستطيع أن أتذكر بالضبط أيهما، بحزم شديد إن كنت قد حملت معي أي نوع من المبيدات الحشرية على الطائرة. أخبرته أنني لم أحمل أي شيء من هذا القبيل، وطلبت منه أن يوضح لي السبب. فقال لي إنه يجب رش الطائرة بمبيد حشري للتأكد من أنه لم أَحْضِر أي حشرات أو جراثيم معي.

ابتسمتُ ووافقت على إجراء الرش في أي مكان يراه مناسبًا، ثم توجهنا معًا نحو الطائرة. وعندما وصلنا، بدأ في رش المبيد في كل زاوية من الطائرة، بما في ذلك حجرة الأمتعة.

وفي الجمارك، كان عليَّ أن أعلن عن كل شيء معي، حتى عن أدوات الحلاقة الخاصة بي، التي كان من المفترض أن تُفحص مرة أخرى قبل مغادرتي. وإلا، فسيُعتبر أنني قد بعت هذه الأدوات، وعليَّ دفع الرسوم الجمركية عليها.

ثم توجهت إلى مكتب موظف طيران الهند، حيث اتصل بأحد سائقي التاكسي. وقال لي إنه يثق تمامًا في السائق، وأنه لا داعي للقلق. وعندما وصل السائق، سجل اسمه واتفقوا على السعر المحدد للرحلة إلى الفندق والعودة إلى المطار في اليوم التالي.

تسللت عبر الزحام في صالة المطار حتى وصلت إلى التاكسي ذو اللون الأصفر والأسود الذي انطلق بي على الفور. وبسبب شدة الحرارة، حاولت فتح النافذة، لكنني اكتشفت أن الزجاج كان ملتصقًا بشريط أسود. وأي محاولة لفتحه كانت ستؤدي إلى تحطمه بالكامل.

MADRAS, INDIA
MADRAS INTL

N12 59.6 E080 10.6

Elev 34' Var 02°W

VOMM 11-1 2 AUG 85

JEPPESEN

MADRAS Ground 121.9

Tower 118.1

ADDITIONAL RUNWAY INFORMATION

RWY		USEABLE LENGTHS LANDING BEYOND Threshold	Glide Slope	TAKE-OFF	WIDTH
07	HIRL HIALS ❶ VASI (3 bar) RVR		9000' 2738m		151' 46m
25	HIRL HIALS ❷ VASI (3 bar)				
12	HIRL	6017' 1834m		6179' 1880m	151' 46m
30		5535' 1690m			

❶ Upwind angle 3.25°, downwind angle 3.0°.
❷ Upwind angle 3.0°, downwind angle 2.75°.

INS COORDINATES

STAND No.	COORDINATES
1	N12 59.5 E080 10.9
2	N12 59.5 E080 10.8
3	N12 59.4 E080 10.8
4	N12 59.4 E080 10.8
5	N12 59.4 E080 10.8
6	N12 59.4 E080 10.7
7	N12 59.4 E080 10.8
8	N12 59.4 E080 10.7
9	N12 59.4 E080 10.7
10	N12 59.3 E080 10.7

TAKE-OFF

	AIR CARRIER	AIR CARRIER All Rwys	AIR CARRIER (FAR 121)	AIR CARRIER (FAR 121) All Rwys
A		200m	2 Eng	a/e 480m
B		300m		
C		400m	3 & 4 Eng	a/e 400m
D				

FOR FILING AS ALTERNATE

	ILS	VOR Rwy 30	Other Apchs
A	800' 2200m	800' 3000m	900' 3200m
B			
C		❶	❷
D			

❶ ASR Apch: 800' - 3600m.
❷ C: 900' - 4000m. D: 900' - 4400m.

CHANGES: See other side.

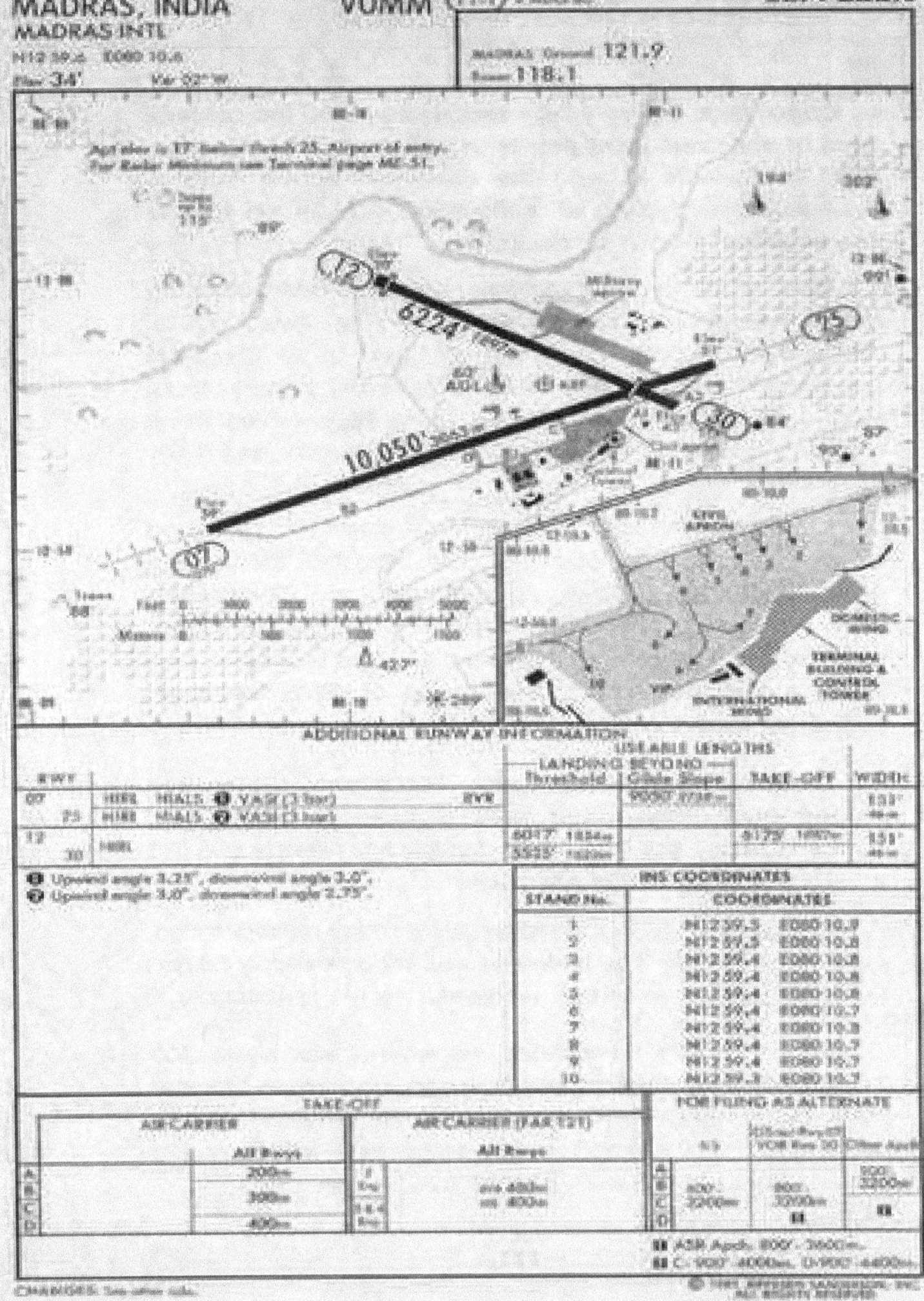

لم أعد أحتمل، أصبح الأمر فوق طاقتي، لا سيما مع تلك الحرارة الحارقة وضيق المقصورة. ارتديت قناع الأوكسجين وألقيت برأسي إلى الوراء لأستفيد إلى أقصى حد من تدفق الهواء. مع مرور الوقت، بدأ الإحساس بالاختناق الناتج عن الحرارة الشديدة يتلاشى تدريجيًا.

وأخيرًا، بعد ساعات طويلة من الملل والرّتابة، ظهرت أمامي السواحل الهندية. استحضرت في ذهني الروابط العميقة التي تجمعنا بهذا الجزء العظيم من العالم، من روابط تاريخية وثقافية ودينية وتجارية، مع هذه الأمة التي تضم أكثر من 800 مليون نسمة و16 لغة رسمية. تجد في الهند تعددية دينية هائلة بين المسيحية والإسلام والبوذية والهندوسية، إلى جانب العديد من المعتقدات الأخرى.

مع اقترابي من السواحل الهندية، أدركت أنني قد انحرفت عن مساري بمقدار عشرين ميلًا. ثم ظهرت أمامي المناظر الهندية الغريبة والخلابة، ألوانها كانت مذهلة. امتزجت الخضرة التي تكسو الأرض مع الأحمر والوردي للأحجار والتربة، لتخلق لوحة طبيعية رائعة، من الخالق سبحانه وتعالى.

تأملت في أن البشر، لو أدركوا حقًا عظمة هذا العالم، لعملوا معًا على حمايته ورعايته، ولتضافرت جهودهم للقضاء على الفقر والأمراض، ولأوقفوا الحروب والصراعات من أجل السلطة.

بينما كنت أواصل الطيران، مسافرًا بين ذكرياتي، بدأ الليل يهبط بهدوء، كأن ستارًا سماويًا يتدلى تدريجيًا فوق تلك اللوحة الطبيعية المدهشة.

وأخيرًا، أحاطت بي الظلمة عندما كنت على بُعد 200 ميل من مدينة مدراس، الواقعة على الساحل الشرقي للهند، والتي تطل على خليج البنغال. ومع بدء الهبوط البطيء للطائرة نحو مطار المدينة، بدأ الهواء يكتظ بالضباب والدخان، وهو أمر معتاد فوق المدن الهندية.

رحلتان قاسيتان

كانت الرحلة إلى الهند طويلة ومملة، وقد زادت من وطأتها الحرارة الشديدة التي لا تُطاق. ومع ذلك، كان الجزء الممتد بين قطر وعمان جميل ومبهر لحد لا يمكن تجاهله؛ فكان الجو صفيًا والتضاريس مألوفة لي، وأدركت أن البلدان الخليجية تتشابك في هوية مشتركة، تعكسها طبيعتها المتشابهة.

بعد مغادرتي الأجواء العمانيه، توجهت نحو المحيط الهندي. وما إن أصبح هذا المحيط الواسع تحت جناحي حتى لفت انتباهي هدوءه الغريب، إذ بدا كأنه سكونٌ تام لا نهاية له، يمتد بعيدًا إلى أقاصي الأفق. شعرت بشيء من الغموض يحيط بي وأنا أطير فوق تلك المياه الزرقاء. كيف لهذه المياه الهادئة أن تخفي وراء صفاءها خطرًا لا يُحس؟ كيف استطاعت أن تُخدع قوافل أسلافنا، الذين عبروا هذه المسافات الشاسعة، متغلبين على الأمواج الهادرة وارتفاعها.

ورغم الهدوء الظاهر للمحيط الهندي، لم أستطع أن أشعر بالطمأنينة. هذا الهدوء كان أكثر ما يثير في نفسي شعورًا من الريبة، فقد كنت أعلم أن أصعب جزء من رحلتي كان على وشك أن يبدأ. إذ يُسحب الزمان تحت جناحي من غير تغيير، لتصبح نفس المشاهد والألوان تمتد أمامي دون أدنى تغيير، مما زاد من شعور الملل، وأثقل من روحي. فالطبيعة البشرية تميل إلى الحركة والاختلاف، بينما تحارب الغموض والصمت بكل ما أوتيت من قوة.

تسارعت الساعات على نحو ثقيل، وكلما تقدمت أكثر نحو مسافات بعيدة، تزايد ثقل قلبي. فكل لحظة كانت تذكرني بتلك اللحظات التي ودعت فيها أحبتي في الدوحة، وكلما اقتربت من الابتعاد عن وطني، ازداد التعب.

بعد مرور ثلاث ساعات على الطيران المستمر، بدأت أشعر بالحرارة القاتلة التي كانت تضغط علي من كل جانب، لتزيد عناء الرحلة وتثقلني أكثر.

KAZAKH S.S.R.
Karaganda
Novosibirsk
Omsk
Chelyabinsk
Tashkent
Samarkand
SINKIANG UIGHUR
TIBET
IRAN
(PERSIA)
Tehran
Shiraz
Kuwait
AFGHANISTAN
PAKISTAN
Karachi
Lahore
Faisalabad
Delhi
Kanpur
Lucknow
INDIA
Ahmedabad
Bombay
Poona
Hyderabad
Bangalore
Madras
Calicut
Coimbatore
Cochin
Trivandrum
SRI LANKA
(CEYLON)
Colombo
Calcutta
Bay of
Bengal
Arabian Sea
OMAN
SOUTH YEMEN
MALDIVES
SEYCHELLES
DOHA
MADRAS
Distance
1784 n.m.
Time
10:44

أصعب اختبار حتى الآن

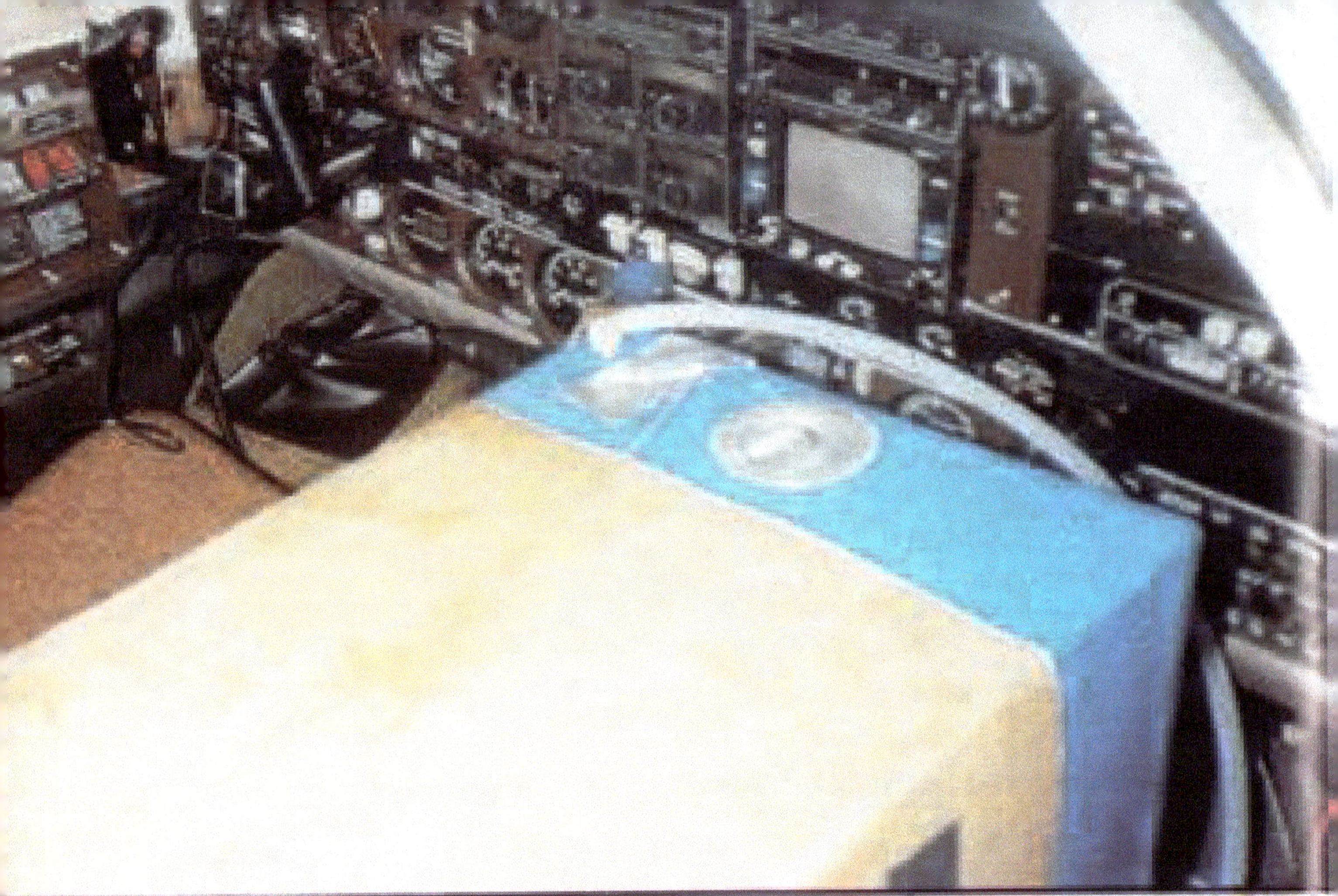
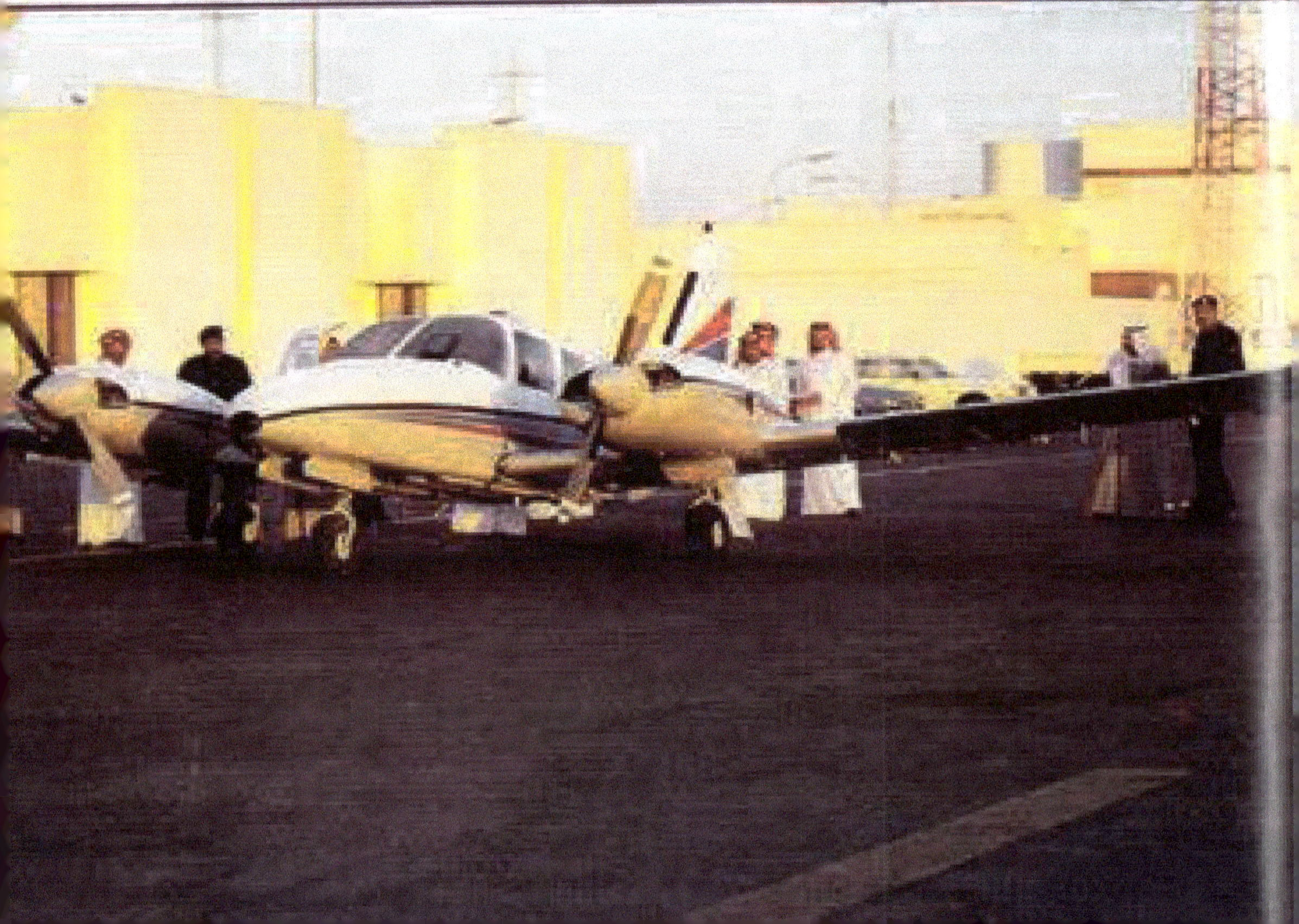

كان وداع الأهل والأصدقاء من أصعب اللحظات في تلك الرحلة. فقد كانت لحظات لقائي بعائلتي وأصدقائي بعد فترة غياب طويلة ورحلة شاقة مليئة بالتحديات، ثمينة للغاية. وقد استمتعت بوقت الراحة الذي قضيتُه في الدوحة، فكان بمثابة استعادة للطاقة وتجديد للروح. ولكن، بالرغم من ذلك، أصرَّ بعض الأصدقاء أنني قد حققت ما يكفي من الإنجازات، ودعوني للاستمتاع بما حققتُه وعدم الاستمرار في بقية الخطة. لكنني كنتُ أعي تمامًا أن حلمي لم يكتمل بعد، وأنه لا بد من المضي قدما حتى آخر لحظة من هذه المغامرة.

توكلتُ على الله، وادرت المحركات. طلبتُ إذنًا للتوجه للمدرج إلى الجهة الأخرى من المطار، وفي تلك اللحظة، بينما كان أصدقائي يلتقطون لي الصور، قام صديقي العزيز السيد محمد عاشير بإهدائي بعض الوجبات الخفيفة والماء وزجاجة عصير برتقال.

عزمت النية وتركتُ الدوحة خلفي وبدأتُ المرحلة التالية من رحلتي حول العالم إلى الهند، التي كانت تنتظرني، لتكمل فصول تلك الرحلة التي لا تُنسى.

في مساء ذلك اليوم، أقام مكتب طيران الخليج في الدوحة مأدبة عشاء رسمية لي في فندق شيراتون، حيث حضرها العديد من السفراء والممثلين الرسميين، بالإضافة إلى شخصيات بارزة من مختلف الجهات.

في اليوم التالي، حظيت بشرف استقبال سعادة الشيخ خالد بن حمد آل ثاني، وزير الداخلية، الذي هنأني بحفاوة على وصولي سالمًا، معبرًا عن تقديره الكبير لما أقدمه في رحلتي، موجهًا لي أسمى عبارات التشجيع والإعجاب. وفي نفس اليوم، استقبلني سعادة الشيخ محمد بن حمد آل ثاني، وزير التعليم، الذي منحني درع الوزارة تقديرًا لجهودي المتميزة في مجال الطيران. وفي المساء، أضاف والدي العزيز لمسة من الحفاوة والكرم عندما أقام لي مأدبة عشاء في فندق شيراتون.

خلال وجودي في الدوحة، زرت العديد من المؤسسات المهمة، حيث تشرفت بزيارة المدرسة الفنية، ومكاتب صحيفة "الراية"، ومدرسة الأمل، والجامعة، ووكالة الأنباء القطرية، وقد كانت كل زياراتي مليئة بالحفاوة والود.

وفي اتصال هاتفي من السيد عبد العزيز النعيمي، مدير المطار، أُبلغني أن الحكومة قد قررت تغطية جميع تكاليف الصيانة والوقود في قطر، مما أضاف لي راحة نفسية ودعمًا كبيرًا لاستكمال رحلتي.

وفي صباح يوم الثلاثاء،7 يناير 1986، توجهت إلى المطار برفقة والدي وإخوني. دخلت إلى نادي الطيران حيث تم سحب الطائره للصيانه يوم وصولي واحتاج تولى قيادة الطائرة الى الناحيه الثانيه من المطار، بينما ينتظر والدي وإخوني في صالة كبار الزوار بالمطار إلى حين وصول طائرتي للموقع..

أعربتُ عن بالغ شكري وامتناني لسمو الشيخ، ووالدنا العزيز، على نصائحه القيمة التي جاءت في وقتها المناسب، وأكدت له أن تلك التوجيهات ستكون بمثابة الدافع الكبير لي في المراحل القادمة من رحلتي. وتحدثتُ عن التأثير العميق الذي تركه سموه في نفوس أبنائه وشباب قطر، وكيف أن قيادته الحكيمة، المدعومة برؤيته السديدة وبالدعم المادي والمعنوي، كانت حجر الزاوية لتحقيق طموحاتهم، مما أسهم في تعزيز مكانة وطننا الغالي وجعلها أكثر إشراقًا وتقدمًا.

ووجهت خالص شكري إلى سعادة السيد عيسى غانم الكواري، مدير مكتب سمو الأمير ووزير الإعلام، على دعمه المستمر. وقد كان لي شرف لقاء سعادة وزير البترول والمالية، الذي أبدى اهتمامًا بالغًا بتفاصيل الرحلة، واطمأن إلى استعداد وزارته لتقديم كل ما يلزم من مساعدة لضمان نجاح الرحلة. كذلك استقبلني سعادة وزير الدولة للشؤون الخارجية، الشيخ أحمد بن سيف، الذي أثنى على ما تم إنجازه حتى الآن، وعبّر عن استعداده لدعمي في كافة المراحل القادمة.

وفي نفس اليوم، أقام الشيخ ثامر بن محمد آل ثاني، رئيس المجلس الأعلى لرعاية الشباب، مأدبة غداء رسمية في فندق شيراتون، حضرها سعادة السيد علي بن أحمد الأنصاري، وزير العمل والشؤون الاجتماعية، إلى جانب عدد من الشيوخ والمسؤولين في المجلس.

DOHA SCHOOL

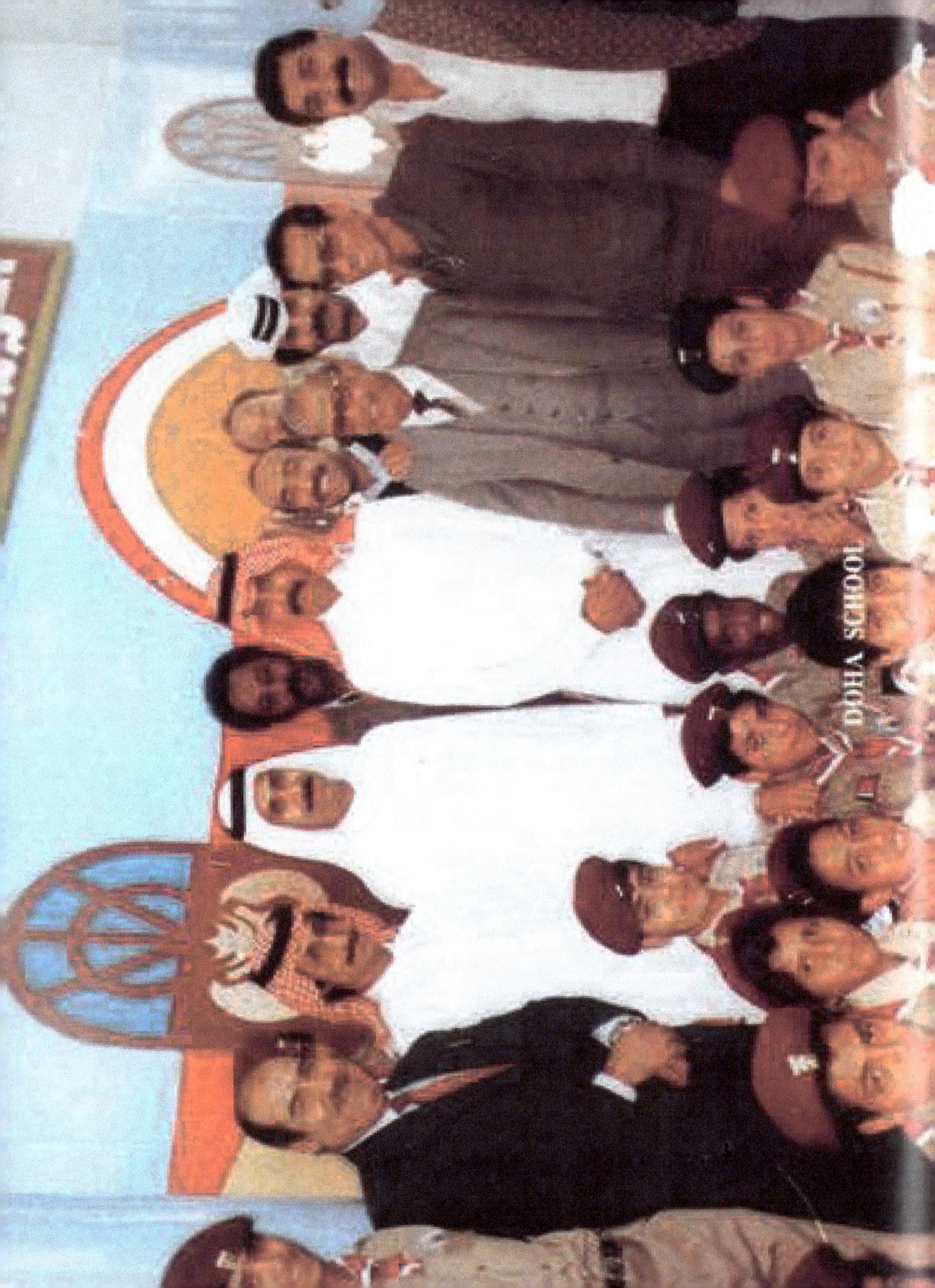

في ليلة مفعمة بالحيوية والكرم، أقام مجلس رعاية الشباب احتفالًا رائعًا، شارك فيه المئات من الشخصيات البارزة والفرق التقليدية التي أضافت نكهتها الخاصة إلى الحدث.

ثم انتقلنا إلى فندق الخليج حيث نظمت صحيفة الراية مأدبة استقبال فاخرة، حضرها السفراء وكبار الشخصيات من جميع الأوساط. في تلك الأمسية، قدَّم لي السيد ناصر محمد العثمان هدية رمزية ذات معنى خاص، وهي لوحة فنية رائعة من إبداع الفنان سلمان المالكي، التي تجسد رحلتي بكل تفاصيلها المدهشة.

كان السيد ناصر العثمان من أبرز الداعمين والمتابعين لرحلتي، فقد قدم لي الدعم المعنوي والمساندة طوال الطريق، كما كان دائم الاتصال بي في كل محطة ليتابع تقدم الرحلة عن كثب. كان له دور كبير في إبراز الرحلة إعلاميًا، حيث سعى جاهدًا لنشر تفاصيلها ليصل صداها إلى كل مكان.

وفي اليوم التالي، كان لي شرف كبير في لقاء سمو الشيخ خليفة بن حمد آل ثاني، والد الوطن الحبيب، في مكتبه في قصر الدوحة. قدّم سموه تهانيه الحارة على الإنجاز، وأعرب عن فخره العميق بما حققته، مؤكدًا أن هذا الإنجاز سيسهم في تعزيز مكانة قطر عالميًا. وقد تفضل سموه بتقديم نصائحه السديدة التي كانت بمثابة توجيه حكيم لي في كل مرحلة من مراحل الرحلة، موضحًا أهمية الإيمان بالله وحب الوطن، والعمل الدؤوب لتحقيق الأهداف بالرغم من التحديات.

وأشار سموه إلى أن هذه الرحلة الفردية ستُشكل مصدر إلهام وتحفيز لشباب قطر والعالم العربي، إذ ستشجعهم على تحقيق المزيد من الإنجازات التي ترفع من شأن بلادهم وتُسهم في تطوير المجتمعات. اختتم سموه حديثه بتمنياته لي بالتوفيق في جميع مراحل الرحلة، مؤكدًا أن ما تحقق حتى الآن سيكون حجر الزاوية للإنجازات المستقبلية، وأن قطر ستظل دائمًا في طليعة الدول التي تسعى للرفعة والتقدم.

SHEIKH MOHD BIN EID, SHEIKH THAMIR BI

NASSER AL-OTHMAN

ها أنا، بعد رحلة طويلة، أقترب من أرضي الحبيبة، قطر. الأرض التي طالما كانت في خاطري، مدينة الأحلام التي طالما رسمتها في ذهني وأنا شاب صغير، أرض الحُلم الذي تحقق بتوفيق الله ورعايته. هنا، في هذا المكان الذي عشت فيه أجمل لحظات طفولتي، وارتسمت فيه تفاصيل الأمل والطموح، كنت في طريقي للعودة إلى حيث ينتمي قلبي وروحي.

وبينما كنت أنحدر بالطائرة نحو المطار، شعرت وكأنني أحلق في سماء الأحلام. استفسرتُ عن واقع المشهد الذي أمامي، وسألت برج المراقبة إن كان ما أراه أمامي هو حقيقة، فأجابني ضاحكًا: "نعم، إنه حقيقة".

ومع اقترابي من الأرض، كانت مشاعري تتسارع. خرجتُ من الطائرة وأنا أرى الدوحة تتألق كالعرس اللامع وسط الليل، مزينة بأنوارها البراقة، وكأنها تسطع في سماء قلبي.

وما أن وطأت قدمي الأرض حتى غمرني بحر من المحبة والاحتفاء. كانت وجوه أحبابي، أفراد عائلتي، وأصدقائي، تملأ المكان. في مقدمتهم كان والدي، الشيخ ثامر بن محمد آل ثاني، نائب رئيس مجلس رعاية الشباب، والشيخ محمد بن عيد آل ثاني، أمين المجلس، والشيخ أحمد بن خليفة آل ثاني، إلى جانب السيد محمد عبد الرحمن آل خليفي، وكيل وزارة الإعلام، وكثير من أفراد العائلة المالكة والشعب القطري الكريم.

لم تقتصر الحفاوة على هذه الأوجه، بل تدفقت إليَّ باقات من الزهور والأحضان، من الأطفال الذين ابتسموا لي بعفويتهم، ما أضفى على اللحظة مزيدًا من البراءة والصدق.

وقد تم توثيق كل تلك اللحظات التاريخية بواسطة كاميرات التلفزيون، التي التقطت كل تفاصيل اللقاء. ثم توجهنا جميعًا إلى صالة الوصول، حيث كان في انتظارنا مسؤولو إدارة الطيران المدني الذين نظموا هذا الاستقبال المبهج.

لكن المفاجآت لم تنتهِ هنا. فقد اصطفَّت فرقة من الراقصين التقليديين لاستقبالنا، وأخذونا في موكب مهيب إلى منطقة الاستراحة أمام مبنى وزارة الإعلام في خليج الشمال، حيث كان الاحتفال يعم المكان، ليكون يومًا لن يُنسى في ذاكرة كل من عاش هذه اللحظات.

QATAR

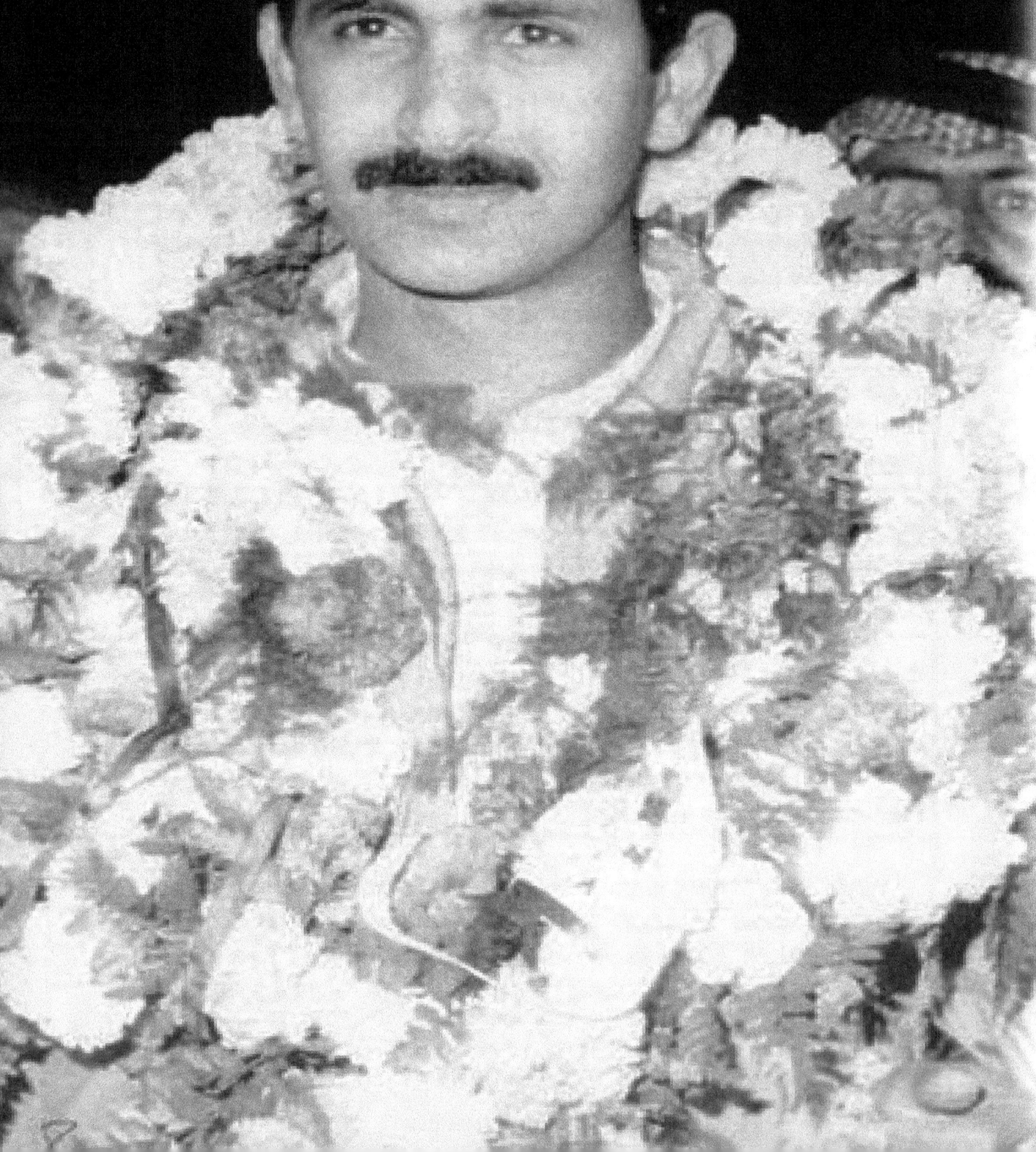

اللقاء

لقاء الأحبة

مرّت اللحظات وكأنها سحابة عابرة، في حين كانت أفكاري تتنقل بين ذكريات الماضي وآمال المستقبل، وأنا أقترب شيئًا فشيئًا من اللقاء المنتظر. كان الزمن يتسارع، والبعد ينحسر، بينما تتداخل في قلبي مشاعر الشوق والفرح والأمل في لقاء الأحبة بعد رحلة شاقة امتدت آلاف الأميال.

وفي الأفق، ظهرت دوحة قطر، الجوهرة المتلألئة، متوشحةً بعباءة الليل الداكنة، ومزينةً بأنوارها التي تتراقص وتتمايل بألوانها الزاهية.

تساءلت في نفسي: "هل هذا حلم؟"، ولكن سرعان ما ابتسمت لهذه الفكرة، لأنني كنت على يقين أن هذا هو الواقع، الواقع الذي لا يتسع له سوى الفؤاد.

لم يكن بوسعي أن أصف شعوري سوى أنه كان حب الوطن في أسمى تجلياته؛ حب يتدفق في عروقي مع كل نبضة قلب، حب لا تكتمل الحياة بدونه.

طلبت الإذن بالطيران على ارتفاع منخفض، وأخبرت برج المراقبة بتوقف التوقيت بينما كنت أطير بمحاذاته. وقد مُنحت الإذن بالمرور فوق المدرج رقم 16، فبدأت في هبوطٍ تدريجي حتى بلغت 500 قدم. وفي اللحظة التي اقتربت فيها من نهاية المدرج، دوّى صوت مدوٍ وامتلأت الطائرة بصوت عاصف، حين اكتشفت أن نافذتي قد تصدعت فجأة.

وبعد توقف التوقيت، انحرفتُ إلى اليمين، وصعدتُ إلى ارتفاع 1500 قدم، ثم مررتُ فوق برج المراقبة. ومن هناك، حلقت منخفضًا فوق الحي الذي نشأت فيه، حيث كانت خطواتي القديمة تتناثر في ذاكرتي كالأشباح، وأتذكر كيف كنتُ أمشي هناك، أحلم بالتحليق فوق السماء، وكأن كل شيء قد عاد ليحيا من جديد.

DOHA Tower 118.9 121.1

ADDITIONAL RUNWAY INFORMATION

RWY		USABLE LENGTHS LANDING BEYOND Threshold	Glide Slope	TAKE-OFF	WIDTH
16	HIRL ALS REIL PAPI			❶	151' 46m
34	HIRL HIALS PAPI HST-C		13,760' 4194m		

❶ TAKE-OFF RUN AVAILABLE

RWY 16
From threshold 16 15,000' (4572m)
Twy int A 12,375' (3772m)
Twy int B 9990' (3045m)
Twy int C 7680' (2341m)

RWY 34
From threshold 34 15,000' (4572m)
Twy int F 13,501' (4115m)
Twy int E 12,720' (3877m)
Twy int H 11,237' (3425m)
Twy int C 7322' (2232m)
Twy int B 5007' (1526m)
Twy int P 3593' (1095m)

TAKE-OFF				FOR FILING AS ALTERNATE		
AIR CARRIER	AIR CARRIER (FAR 121)				Precision	Non-Precision
All Rwys		All Rwys				
200m	1 Eng	400m		A B C D	800'-3200m	▣ 800'-3200m
300m						
400m	3 & 4 Eng					

▣ VOR and NDB: VOR apch rwy 16: D Acft 800'-3600m.

ANGE? Alternate airports.

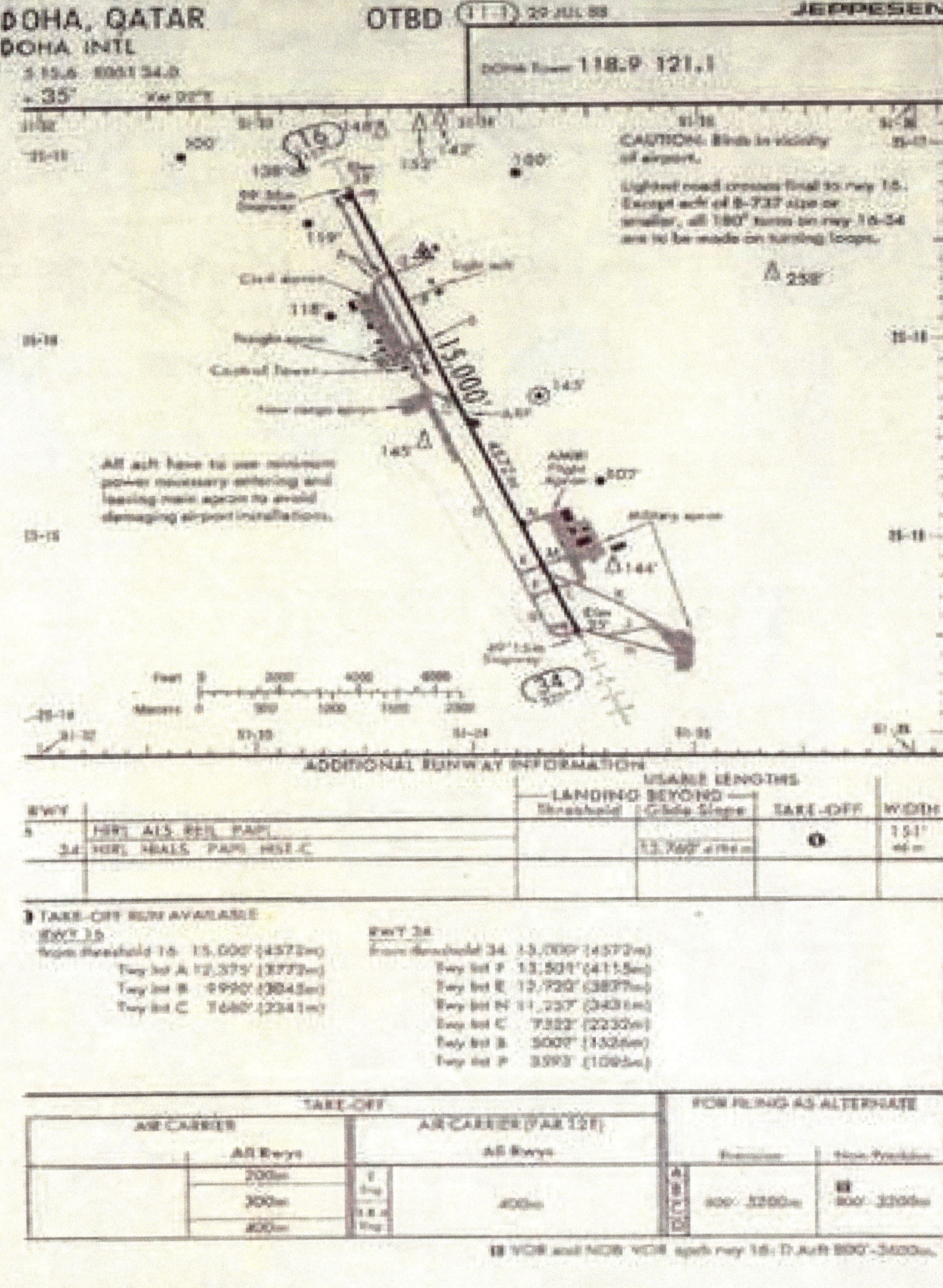

اللقاء

KAZAKH S.S.R.
TURKMENISTAN S.S.R.
KIRGHIZ S.S.R.
AFGHANISTAN
IRAN
(PERSIA)
IRAQ
SYRIA
JORDAN
PAKISTAN
SAUDI
ARABIA
OMAN
YEMEN
SOUTH YEMEN
DJIBOUTI
ETHIOPIA
SOMALIA
KENYA
INDI
Arabian Sea
MALDIVES
Baghdad
Tehran
Karachi
Bombay
Poona
Ahmedabad
Delhi
Hyderabad
Mangalore
Madras
Aden
Mecca
Medina
Riyadh
Colombo
KUWAIT
DOHA
Distance
313 n.m.
Time
1:47

توكّلت على الله وبعونه أن أعود إلى أرضي الحبيبة، قطر، تلك الأرض التي تحمل في قلبها أعزّ ما أملك. فحتى وإن ابتعدت عنها، يبقى حبها في قلبي. وكأنني أفتقدها كما يفتقد السائر نور القمر في ليلة مظلمة، إذ لا ندرك قيمة أوطاننا إلا عندما نبتعد عنها، وعندها نصبح أسرى لهذا الشوق الذي يربطنا بها بأوثق وأقوى حب.

بينما كانت الطائرة تحلِّق في السماء، كان ذهني يسبح في بحر من الذكريات والتأملات، أحاول أن أجد الكلمات التي تعبر عن عشقي لهذا الوطن، الوطن الذي أشبهه بالقمر الغائب في سماء حالكة السواد، أو بلحن عذب يملأ القلب بالسعادة. نعم، ستبقى قطر في القلب، متأصلة جذورها، تنبض في كل شريان.

وفي تلك اللحظات، ازدادت مشاعري تجاه وطن الأجداد قوة، وكأنها تدفعني للطيران أسرع وأسرع، وكأنها تدفع الطائرة نفسها لتسابق الرياح في رحلة العودة إلى أحضان الوطن.

وعلى متن الطائرة، استمعت إلى حديث صديقي العزيز، الكابتن إسحاق الكوهجي، الذي كان يرسل لي تهانيه الحارة ودعواته الطيبة، مبديًا كل التفاؤل بنجاح الرحلة ووصولها إلى هدفها.

كنت قد قررت مغادرة الكويت في اليوم التالي، لأتمكن من التوقف في البحرين لبضع ساعات قبل أن أواصل رحلتي إلى بلدي الحبيب قطر.

لكن دعوة أخي العزيز، الشيخ جابر المبارك الصباح، إلى الغداء كانت مفاجأة غير متوقعة. ولم يكن في استطاعتي رفض دعوته الكريمة، بل رحبت بها بكل سرور، إذ كانت فرصة ثمينة للبقاء مع أصدقائي الأعزاء لفترة أطول.

وبينما كنت أستعد للمغادرة، كان المساء قد حل، ومع ذلك لم أشعر بأي قلق. على العكس، كانت مشاعري تختلط بين الحنين والمودة، حيث شعرت بشدة الرغبة في البقاء بين أهل الكويت الذين غمروني بالدفء ومنحوني مشاعر الأخوة والود التي لن أنساها أبدًا.

أرفع تحية تقدير وامتنان لكل من لم تُسعفني الظروف بلقائهم خلال زيارتي الكويت، وأقول لهم من أعماق قلبي: "حفظ الله الكويت وأهلها من كل شرّ وسوء".

وفي تلك الرحلة الفريدة، كان لي شرف لقاء الشيخ مشعل الأحمد الصباح، الذي أبدى اهتمامًا جادًا ورغبة حقيقية في متابعة تفاصيل مغامرتي، حيث تلاقت أفكاره مع ما أوصى به سمو الشيخ جابر الأحمد، الذي شدّد على ضرورة توثيق رحلتي في كتاب يعكس كل ما مررت به من تحديات وإنجازات. وعندما عرض علي نشر الكتاب، شعرت باندفاع عبارات الشكر وهي تفيض من قلبي، فكان ذلك من أعمق لحظات الامتنان التي مررت بها.

ثم توجّهت إلى مقر الخطوط الجوية الكويتية، حيث استقبلني طاقم العمل هناك بكل حفاوة، وكان من أسمى اللحظات التي عشتها أن التقيت بالسيد أحمد المشاري، رئيس مجلس الإدارة، الذي أظهر اهتمامًا كبيرًا بما حققته في رحلتي.

وفي خطوة مميزة، زرت مدرسة التدريب، حيث جربت جهاز محاكاة طائرة طراز 747، وحلقت في عالم آخر مليء بالتحديات. بعدها، التقيت بمجموعة من أعضاء النادي العلمي الكويتي، الذين كانوا يراقبون رحلتي بشغف، وقد قدموا لي شهادة تقدير كانت أكثر من مجرد كلمات، بل كانت تعبيرًا عن احترام عميق واعتراف حقيقي بقيمة ما أنجزته.

لقد أثار فضولي كثيرًا ما يقدمه النادي من أنشطة علمية مبتكرة، وخاصة تلك المتعلقة بالمراصد الفلكية العجيرية، التي تعد الوحيدة في المنطقة. تعلمت الكثير عن هذا الصرح العلمي، وزادني الأصدقاء حرصًا على تعميق معرفتي في هذه المجالات التي تحمل في طياتها آفاقًا رحبة للمستقبل.

وأنا على يقين تام أن العلم هو الطريق الأسمى الذي يقودنا نحو غدٍ مشرق، وأن التقدّم التكنولوجي لا يمكن أن يتحقق إلا من خلاله.

في ختام الزيارة، كان لي شرف حضور المؤتمر الصحفي، حيث أجبت بكل صراحة وشفافية على أسئلة الحضور، وتلقيت العديد من الدعوات الودية التي غمرتني بدفء منقطع النظير، مما جعل تلك اللحظات تبقى خالدة في الذاكرة.

CHAIRMAN KUWAIT AIRWAYS

عندما سأل الوزير الكابتن حسام عن وسيلة النقل التي نفضلها، سواء الطائرة أو السيارة، أشار بيده ليؤكد رغبته في السفر جوًا؛ وضحك الوزير قائلًا: "هذه هي الطريقة التي يفضل الكابتن حسام السفر بها".

وبالفعل، نقلتنا مروحية من مبنى وزارة الدفاع إلى قاعدة علي السالم الجوية، حيث استقبلنا قائد القاعدة الذي أخذنا في جولة لأقسام القاعدة المختلفة. بعد ذلك، أخبرني أحد الطيارين أنه كان يخطط للقيام بجولة بالطائرة كعرض حول القاعدة، إلا أن الرياح كانت قوية والرؤية ضبابية؛ أكدت له أن هذا العرض ليس ضروريًا.

تناولنا الغداء سويًا، وشعرت بتأنيب ضمير لأنني تسببت في تغيير خططهم. لكنني صراحة كنت أستمتع بلقاء "نسور السماء" كما أحببت أن أصفهم؛ لقاء حافل يجمع طياري الميراج والمروحيات. وقد تبادلنا الأحاديث الودية والثقافية حول رحلتي.

قبل مغادرتي، قدّم لي قائد القاعدة نموذجًا برونزيًا لطائرة الميراج داخل إطار خشبي أنيق، محفورًا عليه اسمي مع عبارة تقديرية.

كانت تلك الهدية البسيطة بالنسبة لي من أغلى الهدايا التي تلقيتها، لأنها كانت تعكس تفهم زملائي الطيارين الذين يحلقون في سماء التكنولوجيا الحديثة، وامتنانهم لأهداف رحلتي التي تمت بطائرة قديمة خفيفة.

لم يكن أمامي سوى أن أعرب لقائد القاعدة عن بالغ تقديري الصادق وامتناني العميق، وأن ينقل مشاعري هذه إلى كل من عمل في تلك القاعدة.

MINISTER OF DEFENCE OFFICE

كنت في غاية الامتنان والتأثر أثناء لقائي بالسيد محمد عاشير ونجله، اللذين حرصا على الحضور إلى المطار لاستقبالي في اليوم السابق.

لكن المفاجأة الأكبر كانت في البرنامج الحافل الذي أعدّه لي أصدقائي في الكويت. فقد تضمن سلسلة من اللقاءات التي كان من أبرزها مقابلة تلفزيونية تناولت تفاصيل رحلتي، وتحضيراتها، وأهدافها، والتحديات التي واجهتها خلال مغامراتي.

إلى جانب المقابلات الصحفية مع وسائل الإعلام الكويتية، كنت محظوظًا بلقاء مجموعة من الطيارين الكويتيين الذين نظّموا لي تجمعًا رائعًا في تلك الأمسية، حيث شعرت وكأنني بين عائلتي وأصدقائي الأعزاء.

وفي اليوم التالي، كان لي شرف اللقاء مع سمو الشيخ جابر الأحمد الصباح، أمير الكويت، بحضور سعادة السفير القطري لدى الكويت. استمع سموه إلى تفاصيل رحلتي وما مررت به من صعوبات بتقدير بالغ، ثم هنأني بحرارة وأشاد بإنجازي، مهديًا لي بعض النصائح الثمينة التي ستكون دائمًا مصدر إلهام لي.

بعد ذلك، التقيت مع الشيخ ناصر الصباح، وزير الإعلام، الذي أبدى اهتمامًا كبيرًا بكيفية استفادة وسائل الإعلام من رحلتي في نشر رسائلها. كما كان لي الشرف بلقاء وزير الخارجية، الشيخ صباح.

وفي خطوة مؤثرة، استقبلني الشيخ سالم صباح السالم، وزير الدفاع، حيث دعا إلى زيارة قاعدة علي السالم الجوية، حيث تم تنظيم مأدبة غداء لتكريمي، وهو ما أضفى لمسة خاصة على هذه الزيارة المباركة.

كان كل شيء أشبه بحلم غريب. ففي يوم من الأيام، كنت طيارًا في شركة الخليج للطيران، أقود طائرة بوينغ 737 إلى الكويت، واليوم ها أنا ذا، قد عبرت المحيط الأطلسي بسلام دون أن أستعين بأدوات ملاحة متطورة.

الحمد لله أنني وصلت بأمان إلى هذه الأرض الطيبة؛ إلى وطننا العزيز وشعبه الكريم. وكانت مشاعري تكاد تُغرقني، فكلما تذكرت محطات رحلتي، تدفقت الذكريات في عقلي وقلبي، وأصبحت دموعي هي سلوى روحي.

عند مدرج المطار، أطفأت المحركات وبدأت في النزول من الطائرة، تلك الزنزانة الصغيرة التي أسكنها طوال الرحلة. لكنني فوجئت عندما ناداني أحد المصورين قائلًا: "انتظر!". واندفعوا سريعًا لالتقاط صور لي وأنا أفتح باب الطائرة واتسلق من فوق خزان الوقود الأمامي للوصول لباب الطائره واخرج لانزل على الأرض.

وعند خروجي من الطائرة، كان في استقبالي العديد من الشخصيات المرموقة: سعادة السفير القطري في الكويت، السيد أحمد بن حمد آل ثاني، والشيخ جابر المبارك الصباح، والكابتن حسام، إضافة إلى إخواني الأعزاء جبروناصر، والسيد عبدالله النفيسي من قسم العلاقات العامة في الخطوط الجوية الكويتية، والعديد من الأصدقاء الأعزاء المخلصين.

ومن بين هؤلاء الأصدقاء كان السيد محمد اللعنزي، الذي كان ينقل أخبار رحلتي عبر إذاعة الكويت وجريدة القبس، طالبًا في الجامعة نفسها التي ادرس فيها في الولايات المتحدة. وهنا لا بد أن أعبّر عن جزيل امتناني لهذا الصديق الغالي، الذي، بعد توفيق الله سبحانه وتعالى، كان داعمًا ومشجعًا لي طوال الوقت. فقد أطلق عليّ اسم "صقر الخليج"، وهو لقب أصبح عزيزًا على قلبي، وقد استخدمه لأول مرة في جريدة القبس مع بداية رحلتي.

MOHD ALENIZI, SHEIKH JABER, CAPT HUSSAM, QATAR AMBASSADOR

سلسلة من الذكريات

بينما كانت طائرتي تُقلع ببطء نحو الارتفاع المحدد، استطعت أخيرًا التواصل مع طائرة تابعة للخطوط الجوية الكويتية، حيث أبلغت قائدها بموعد وصولي المتوقع إلى الكويت، ليتمكن من إبلاغ أصدقائي الذين كانوا في انتظاري. حينها، تمكنت أخيرًا من تنظيم أفكاري والتطلع إلى اللحظة المنتظرة.

كانت المنطقة التي مررت فوقها مليئة بالذكريات الجميلة، لطالما قضيت أوقاتًا ممتعة في تلك الأراضي الشمالية من المملكة العربية السعودية في عدة رحلات صيد؛ اجتاحتني فجأة سلسلة من الذكريات التي خففت من عبء الرحلة وهدأت من روحي. تذكرت أن الذاكرة هي من نعم الله العظيمة علينا، وأن العقل نفسه، الذي خلقه سبحانه وتعالي بشكل مذهل في هذا الحيز الضيق، يعدّ من أعظم عطاياه.

وكنت قادرًا على التعرف على بعض المناطق التي مررت بها من خلال أسمائها؛ عرعر، ورفحاء، وحفر الباطن، وغيرها من الأماكن التي رسخت في ذاكرتي.

ومع اقترابي من الكويت، أرض المحبة والسلام، بدأت أرى تلك المدينة التي يترقبني فيها أحبائي. فكرت في مدينة تشترك معنا في العادات والتقاليد والتاريخ والمستقبل. وتذكرت أيضًا كيف أن الكويت قد قدمت مثالًا يحتذى به في منطقتنا والعالم، من خلال التخطيط الرشيد والتنفيذ الناجح لمشروعاتها التنموية.

وعندما هبطت ، فوجئت بحشد من المصورين يهرعون قريباً من المدرج لالتقاط صور للطائرة أثناء هبوطها. وبعدها، طلب مني برج المراقبة التوجه ببطء والتوقف عند البوابة رقم واحد ووصلت الطائرة إلى مبني المطار ، حيث كان المصورون في انتظار لقائي.

KUWAIT, KUWAIT
KUWAIT INTL
CARGO APRON
LEGEND
Taxiway
CARGO

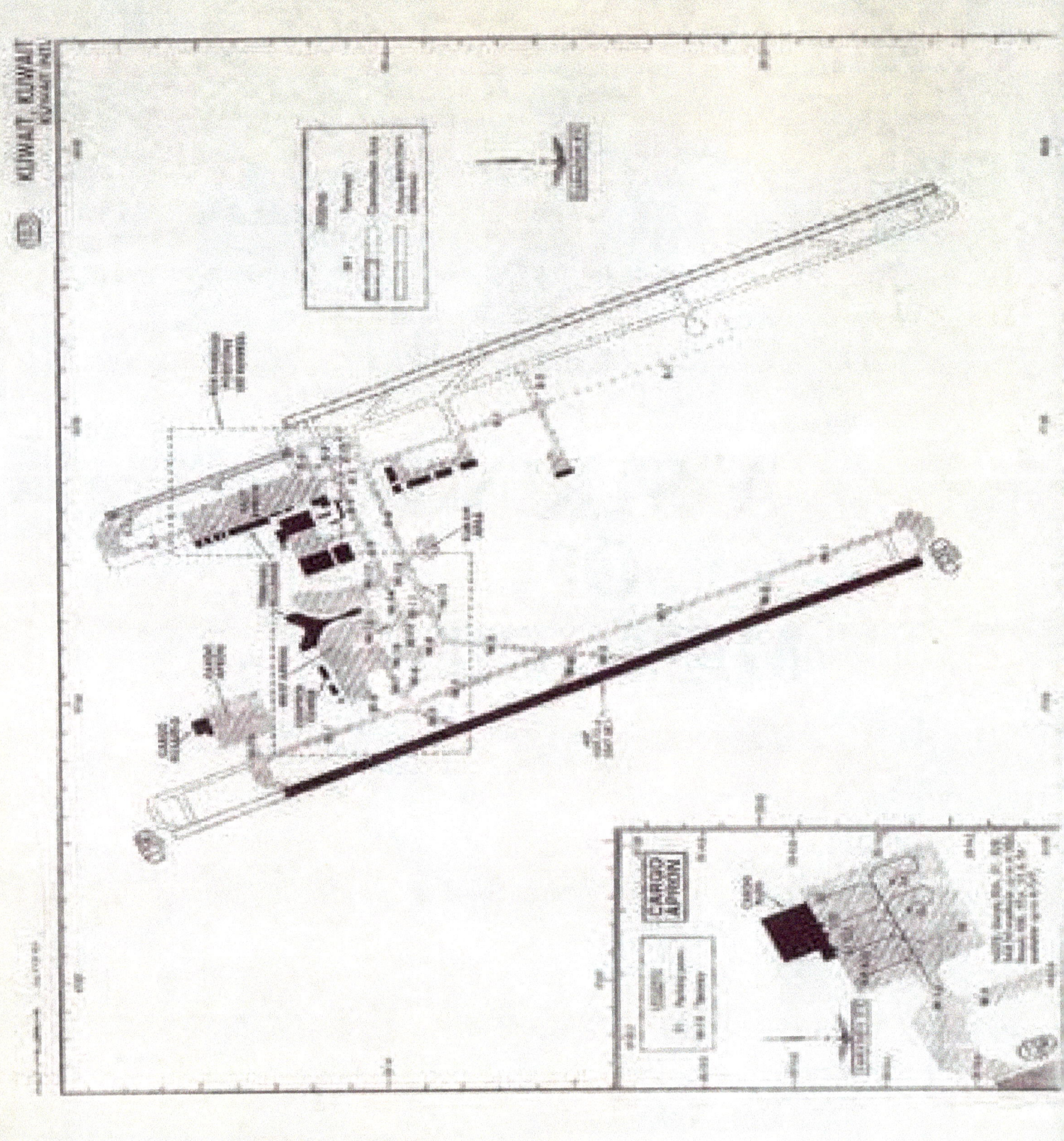

سلسلة من الذكريات

Black Sea
ROMANIA
BULGARIA
TURKEY
CYPRUS
LEBANON
SYRIA
IRAQ
IRAN
(PERSIA)
JORDAN
EGYPT
SAUDI
ARABIA
OMAN
YEMEN
SOUTH YEMEN
DJIBOUTI
ETHIOPIA
SOMALIA
SUDAN
KENYA
TANZANIA
ZAIRE
SEYCHELLES
AFGHANISTAN
PAKIST
Arabian Sea
Cairo
Baghdad
Baku
Tehran
Karachi
Mombasa
AMMAN
KUWAIT
Distance
621 n.m.
Time
4:21

هاتفتُ عائلتي من غرفتي، وكانوا قلقين بالفعل، خاصةً أمي، التي استولى عليها هاجس أن مكروهًا قد أصابني وأن الآخرين يخفون الأمر عنها. أدركتُ مدى قلقهم عندما حلّ موعد وصولي إلى الكويت ولم أتصل بهم.

ثم هاتفتُ أصدقائي في الكويت، الذين كانوا بدورهم قلقين للغاية. بدا صوت الكابتن حسام مُجهدًا، وكذلك سعادة السيد أحمد بن حمد العطية، السفير القطري في الكويت، الذي كان يتابع رحلتي بمعاونة الكابتن حسام نفسه.

اتصلتُ بعدها بالسيد محمد عاشير، الذي كان يعمل في الطيران المدني في الدوحة. عندما أخبرته بما حدث، اتصل بممثل شركة الخطوط الجوية الملكية الأردنية في الدوحة ليُعبّر عن استيائي الشديد.

بدوره، اتصل ممثل الشركة بعمّان، وفي الوقت نفسه روى صحفيٌّ القصة كاملةً لوزير النقل الأردني، الذي اتصل بدوره بالشركة. نتيجةً لذلك، اتصل مدير شركة الأجنحة العربية للطيران، الشريف غازي، مُقدّمًا اعتذارًا بالغًا وأصرّ على مُرافقتي إلى المطار في صباح اليوم التالي. وبالفعل رافقني عبر صالة كبار الزوار وأجرى جميع الترتيبات اللازمة مع المطار الآخر.

بعد رحلة جوية قصيرة إلى مطار ماركه، وجدتُ مدير الصيانة في انتظاري، فأمر اثنين من موظفيه بتجهيز كل شيء لرحلتي، بما في ذلك إعادة التزويد بالوقود بالكامل. اكتشف مهندس تسربًا هيدروليكيًا في نظام المكابح وأصلحه على الفور. ورغم إلحاح المدير؛ أصررتُ على دفع ثمن الإصلاح.

شعرتُ بإحباط شديد بينما كنتُ أتجه نحو الطائرة، لأنني سأصل إلى الكويت متأخرًا عن الموعد المُحدد بكثير. لكنني فوجئتُ بلفتة جميلة عندما وجدتُ مسؤولي المطار قد أعدّوا لي طعامًا وحلويات وعصيرًا وماءً. أوضحتُ أنني لا أستطيع أخذ كل هذا معي للطائرة، وشكرتهم بصدق على لطفهم.

كل ما تبقى لي في نهاية رحلتي هو توجيه الشكر إلى الشريف غازي، والسيد رمضان من قسم المراقبة الجوية، وجميع الرجال الذين ساعدوني أيضًا، وإن لم أستطع تذكر أسمائهم.

بعد أن سُويت الأمور أخيرًا، سألني موظف الشركة عن مكان إقامتي. وعرض عليّ المبيت في منزله حين أخبرته أنني سأقيم في فندق هوليداي إن، لكنني رفضت، متحججًا بأنني قد اتفقتُ على لقاء صديق في الفندق.

لكن ما إن غادرتُ المطار، حتى طلبتُ من سائق سيارة الأجرة أن يقلّني إلى فندق ماريوت، لأضمن عدم إزعاج أي شخص قد يرغب في التواصل معي. كنتُ أنوي المغادرة في الصباح الباكر، وقد طلبتُ من موظفة الاستقبال في الفندق عدم تحويل أية مكالمات محلية، باستثناء تلك الدوليه..

أخبروني حينها بأني لن أستطيع الطيران إلى المطار الآخر بسبب مرور شخصية مهمة. غادرتُ غرفة الرادار وجلستُ في غرفة أخرى، تغمرني مشاعر الانزعاج وخيبة الأمل والقلق. ثم دخلت سيدتان تعملان في برج المراقبة إلى الغرفة وبدأتا بالتحدث معي. بعد ذلك - ويا للعجب - دخل موظف من شركة الخطوط الجوية الملكية الأردنية وهو يدخن سيجارة، ليطالبني بمبلغ 170 دينارًا أردنيًا نقدًا، بحجة أنهم لا يقبلون الشيكات السياحية.

دهشتُ مع الجميع بالغرفة من وقاحته. سألته إحداهن بغضب عن سبب تحصيل هذا المبلغ تحديدًا، فأجاب المدخن ببرود بأنه ينفذ القانون وأنه غير مسؤول عنه.

لم أجد ما أفعله في هذا الموقف المحرج سوى الابتسام. أخبرته بهدوء شديد أنني سأدفع له المبلغ بعد صرف بعض الشيكات السياحية في المبنى الرئيسي للركاب، وأضفتُ أن عليه تزويدي بالوقود الذي أحتاجه أولًا. أجابني بنفس وقاحته السابقة بأن هذا لا يعنيه.

بدأتُ أفقد صبري في هذه اللحظة وأخبرته أنني بسبب هذا التأخير، سأضطر لقضاء الليلة في عمّان، حيث أن الوصول ليلًا سيسبب إزعاجًا كبيرًا لأصدقائي في الكويت. حمدتُ الله أنني تمكنتُ من الطلب من أحد الطيارين الكويتيين الاتصال بأصدقائي في الكويت لإخبارهم بتأخيري في عمّان، لكن ما أزعجني حقًّا هو اضطراري للاتصال بعائلتي وشرح القصة كاملة وتوضيح سبب عدم وصولي إلى الكويت تلك الليلة.

أخذني موظف الشركة بعد ذلك إلى ضابط الهجرة في مبنى الركاب الجنوبي، لكنه رفض ختم جواز سفري عندما اكتشف أن طائرتي متوقفة في الموقف الشمالي، وهكذا اضطررتُ لسحب أمتعتي طوال الطريق إلى مبنى الركاب الشمالي.

AMMAN, JORDAN
QUEEN ALIA INTL

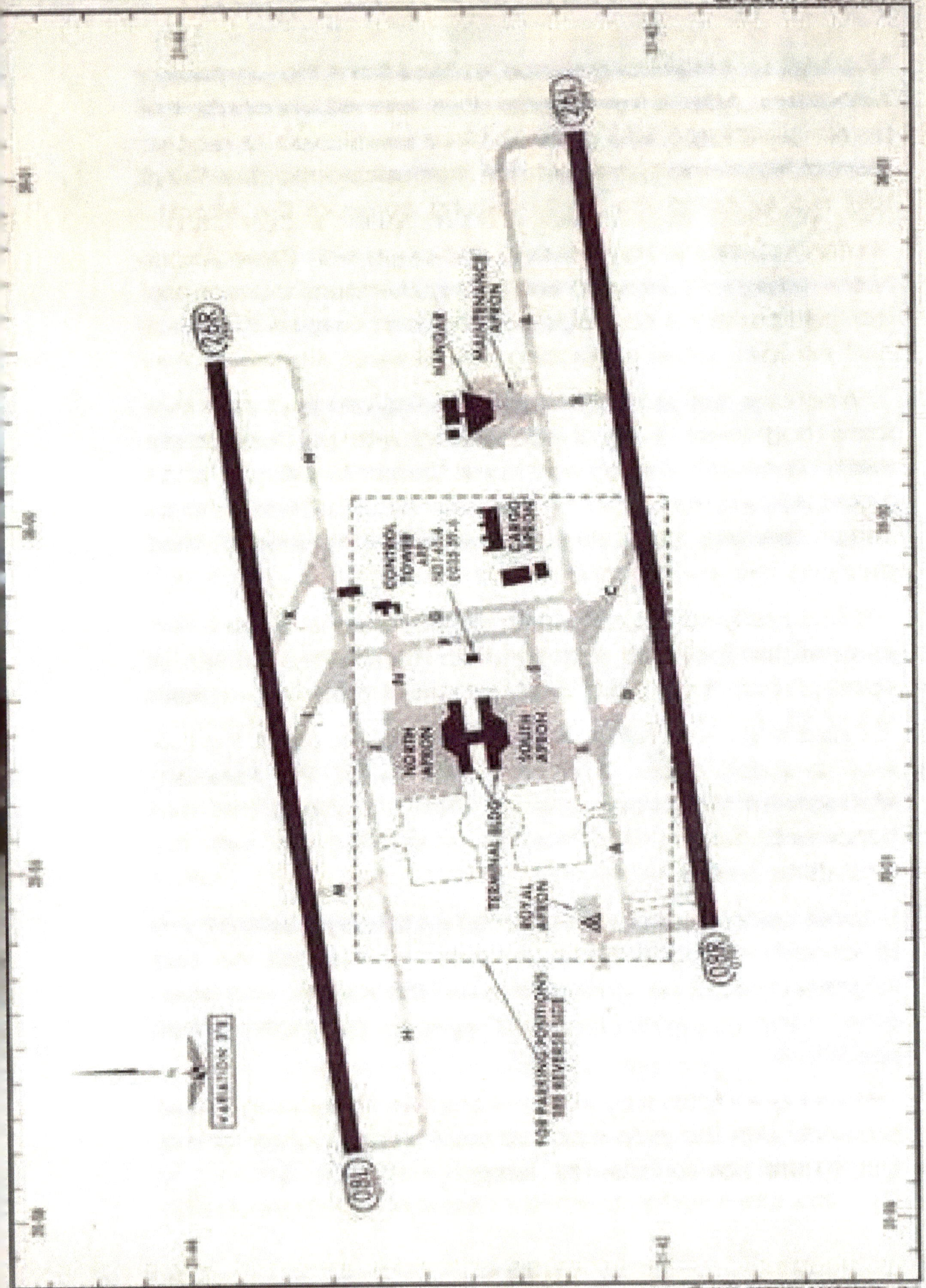

27L

07R

MAINTENANCE APRON

HANGAR

CONTROL TOWER
AIP
107 43.4
EG34 35-4

CARGO APRON

NORTH APRON
SOUTH APRON

TERMINAL BLDG

SOUTH APRON

NORTH APRON

VARIATION 3°E

JET AVIATION FBO
FOR PARKING INSTRUCTIONS

09R

09L

27R

لقد فوجئتُ حقًا بموقفهم، حيث أخبرني أحدهم أنهم قرأوا كل شيء عني وعن رحلتي، وعلى الرغم من ذلك، فقد كانوا يؤخرونني بدلًا من مساعدتي.

قلتُ إنني مستعد للذهاب إلى المطار الآخر إذا كان الوقود متوفرًا هناك. عندها اتصل الرجال بمساعد مدير المطار وأخبروه بكل ما حدث، مضيفين أنهم سيرسلونني مع طائرتي إلى مطار عمان (ماركا) المدني.

ودهشتُ عندما طلب منهم مساعد المدير فحص شهادة الطيران الليلي الخاصة بي. أظنه نسي أنني قد عبرتُ المحيط الأطلسي بالفعل، وحلّقتُ فوق العديد من البلدان، ليلًا ونهارًا، في أصعب الظروف..

كان الظلام قد حلّ في تلك اللحظة، وبدأتُ أفقد صبري من المشاكل التي كانت تُفتعل لي، لكنني حاولتُ ألا أفقد أعصابي.

ولم تتوقف المعاناة هنا؛ فبينما كنت أحاول جاهدًا التفكير فيما يمكنني فعله، بدأت الطائرة تفقد ارتفاعها. حاولت زيادة قوة المحرك الأيمن إلى أقصى حد ممكن على أمل أن يعود المحرك الأيسر إلى العمل بشكل طبيعي. لا أتذكر فيما كنت أفكر بالضبط، لكنني كنت مدركًا تمامًا لخطورة الموقف.

ألهمني الله الحل للتغلب على هذه المشكلة مرة أخرى. فعندما قمت بتغيير الخزان الذي يغذي المحرك الأيسر؛ استعدت الطاقة بالكامل وعادت الطائرة إلى وضعها الطبيعي في الطيران، وشكرت الله على معيته وهدايته لي لاتخاذ القرار الصحيح.

أجريت بعض الحسابات بعد أن استعدت هدوئي، واكتشفت أن لدي ما يكفي من الوقود للوصول إلى الكويت، لكن لم تكن لدي أية معلومات عن اتجاه الرياح.

هكذا قررت عدم المخاطرة بلا داعٍ. عندما تم تحويلي إلى مركز عمّان في الأردن، سألت عما إذا كان من الممكن تزويدي بوقود الطائرات عالي الأوكتان 100 المستخدم لمحركات المكابس.

أبلغوني بعد فترة أن لديهم فقط وقود أوكتان 130/100، وهو مطابق تقريبًا لكفاءة نظيره باستثناء اختلاف لونهما. وردًا على استفسارات البرج، أطلعتهم إنني أفكر في الهبوط بعمّان، على الرغم من أنها لم تكن على مساري المحدد، لأنني أردت التزود بالوقود.

قيل لي إن عليّ أولًا الحصول على إذن بالهبوط من السلطات الأردنية، وبعد دقائق بدت كأنها ساعات، أخبرني المسؤول أنني حصلت على إذن بالهبوط في مطار الملكة علياء الدولي في عمّان. ثم أرشدني خلال عملية الهبوط ووجهني إلى ساحة وقوف الطائرات الشمالية في المطار.

هبطتُ بسلام، وتوقفت شاحنة صغيرة تحمل ثلاثة رجال أردنيين، وقادوني إلى غرفة في الطابق الأرضي من برج المراقبة. لم يكن لديّ أدنى فكرة عما يجري ورغم ذلك ذهبت معهم.

فور جلوسنا؛ اعتذر الرجال وقالوا إن سوء فهم قد حدث مع مسؤول الوقود، وفسروا ذلك بأن الوقود الذي أردته لم يكن متوفرًا في مطار الملكة علياء، وكان عليّ الذهاب إلى مطار عمان (ماركا) المدني القديم. بعد ذلك بدأوا جميعًا بإلقاء اللوم على بعضهم البعض فيما حدث، مما زاد من تأخيري.

موقف خطير

سارت الأمور على ما يرام بعد مغادرتي جزيرة كريت، وبينما كنت أحلق فوق قبرص، حاولت الاتصال بالسيد فتاح العلوي، مدير محطة طيران الخليج، لكنني لم ألقَ منه ردًا لأنه في إجازة.

فوجئت عندما أخبرني أحد المواطنين القبرصيين بأنه سمع عن رحلتي ويتعجب كيف تمكنت من عبور المحيط الأطلسي بطائرتي الصغيرة. قدمت له موجزًا عن الرحلة وأكدت له أن كل شيء يسير على ما يرام. طلبت منه أن ينقل تحياتي للسيد فتاح عند عودته.

في تلك الأثناء، كانت طائرة تابعة لطيران الخليج من طراز 737 تهبط في مطار لارنكا، وتحدثت مع قائدها، السيد سليمان اللبوراشدي، وأخبرته أنني أرى كل شيء بوضوح من ارتفاع 9000 قدم. قال إن بإمكاننا مواصلة الحديث أثناء تحليقنا. لكنني رددت عليه مازحًا بأنه سيتجاوزني ويصل إلى الدوحة قبل أن أدخل حتى المجال الجوي السعودي.

كان الطقس هادئًا، وبدا البحر الأبيض المتوسط وكأنه سجادة زرقاء واسعة مزينة بنقوش بيضاء رسمتها حركة الأمواج. لكن لم يكن لدي وقت للأحلام فسرعان ما انشغلت بالتجاوب مع طلب السلطات السورية بأن أعبر مجالها الجوي على ارتفاع 24000 قدم. طلبت من مركز المراقبة الجوية في نيقوسيا بقبرص أن يشرح لنظيره السوري أن طائرتي الصغيرة غير قادرة على التحليق على هذا الارتفاع، تفهم مركز المراقبة الجوية السوري وسمح لي بالعبور على ارتفاع 9000 قدم.

الغريب في الأمر أنني دخلت المجال الجوي السوري وخرجت منه دون أي اتصال مباشر مع مركز المراقبة الجوية السوري، وذلك نظرًا لأنني كنت أحلق على ارتفاع منخفض جدًا، فكنت أسمع مكالماتهم، لكنهم لم يتمكنوا من سماع مكالماتي. طلبت من طائرة تابعة لطيران الخليج، والتي كانت في طريقها إلى لندن، أن تنقل موقعي إلى مركز دمشق، وطلبت الأمر نفسه من طائرة كويتية لأبلغ عن وقت وصولي المتوقع إلى الكويت، وتجاوزت طائرة القبطان سليمان اللبوراشدي طائرتي في نقطة ما فوق الحدود السورية، وقد تحدث معي بلطف بالغ، فاستشعرتُ ارتياحًا كبيرًا لما لمسته من مشاعر ودودة.

لكنني واجهت مشكلة خطيرة بعد بضعة دقائق، حيث أخذ المحرك الأيسر في طائرتي يُصدر أصواتًا غير منتظمة، ما يعني أن إحدى خزانات الوقود الإضافية كانت شبه فارغة، وظل أداء المحرك الأيمن ثابتًا، لكن الطائرة بدأت تنحرف وتميل نحو الجانب الأيسر.

CRETE AMMAN
Distance
933 n.m.
Time
5:47
POLAND
CZECHOSLOVAKIA
HUNGARY
ROMANIA
YUGOSLAVIA
BULGARIA
GREECE
TURKEY
Black Sea
CYPRUS
LEBANON
SYRIA
JORDAN
IRAQ
IRAN
(PERSIA)
LIBYA
EGYPT
SAUDI
ARABIA
OMAN
YEMEN
SOUTH YEMEN
DJIBOUTI
ETHIOPIA
SOMALIA
KENYA
SUDAN
CHAD
CENTRAL AFRICA
ZAIRE
TANZANIA
Moscow
Rostov
Athens
Beirut
Cairo
Alexandria
Benghazi
Baghdad
Tehran
Aleppo
Riyadh
Khartoum
Addis Ababa
Mogadishu
Aden
Mombasa
Astrakhan
Baku

موقف خطير

المحرك. اعتذر المسؤول بالمطار، لكنه لم يستطع المساعدة. لحظتها وجدتُ زجاجة بلاستيكية، وقطعتها إلى نصفين، ثم استخدمتُ نصفها العلوي كقمع.

سرعان ما تلطختُ بالزيت باستخدام هذا القمع المؤقت، فالتصق بيدي وملابسي وحذائي والمحرك أيضًا. اضطررتُ لاستخدام سروال لمسح الزيت عن يدي وتنظيفهما فور انتهائي، وأصبح كل شيء جاهزًا أخيرًا، وانطلقتُ إلى الكويت.

شعرت وأنا أستمع إلى صوتها، مستمتعًا بالكلمات والموسيقى المعبرة، كأنني أُطهّر أذنيّ من ضجيج المحركات الذي أحاط بي في الطائرة، الأشبه بمضخة ري في مزرعة.

رنّ الهاتف بعد نحو نصف ساعة، ووجدته صديقي من الكويت، يدعو لي بدوام الصحة والعافية. دار بيننا حديث طويل حول تفاصيل الرحلة وأحداثها. أخبرني أخيرًا أن الجميع في الكويت ينتظرونني للترحيب بي، وأن المسؤولين متشوقون للقائي، كما أن أصدقاءه في الخطوط الجوية الكويتية على أتم الاستعداد لتقديم أية مساعدة ممكنة. سعدتُ لسماع ذلك صدقًا، وشكرته وأخبرته أن عليّ الذهاب إلى النوم، فقد كنتُ مُرهقًا وسأغادر جزيرة كريت في الصباح.

استيقظتُ باكرًا بعد ليلة نوم هانئة، وصليّت الفجر، قبل أن انطلق مسرعًا إلى المطار، حيث أنهيتُ الإجراءات اللازمة، ثم صعدتُ إلى الطائرة ووضعتُ أمتعتي في مكانها بأمان.

أخبرني مكتب الأرصاد أن الأحوال الجوية ستكون جيدة طوال الرحلة إلى الكويت. لكنني لم أتمكن من تحديد سرعة الرياح واتجاهها على ارتفاع 97 ألف قدم، حتى بعد أن اتصل موظف الأرصاد بقبرص محاولًا تحديدها ونقلها لي.

لم أدرِ أأضحك أم أبكي! شعرتُ بالغضب، لأن مثل هذه المعلومات يجب أن تكون مُتاحة بسهولة. لكنني ضحكت، لأن الهاتف في المطار كان يشبه الهواتف التي نراها في الأفلام العتيقة البدائية.

عدتُ أخيرًا إلى طائرتي، فوجدتُ طائرة أكبر منها قليلًا تقف بجوارها. تحدثتُ إلى قائدها، الذي كان طبيب أسنان من بريطانيا، في طريقه إلى مصر مع بعض أصدقائه لقضاء عطلة عيد الميلاد برفقتهم هناك. عندما حدث أصدقاؤه عني، صافحوني بحرارة والتقطوا بعض الصور التذكارية معي.

أخبرني طبيب الأسنان بعنوانه في بريطانيا وطلب مني الاتصال به متى ما نزلت بأرضها.

كان عليّ تزويد الطائرة بالوقود، ولكنني واجهتُ مشكلة أخرى عندما حاولتُ ملء الخزانات الاحتياطية داخل الطائرة. كانت فوهة مضخة الوقود أكبر من أن تُدخل في الخزانات. ثم اكتشفتُ أيضًا عدم وجود قمع لزيت

ثم طمأنني بأنه يمتلك بعض الزيت المناسب للطائرات. وهكذا - بفضل الله - انتهت الأزمة سريعًا. اشتريت بعض الزيت من الرجل وعدت إلى طائرتي لأجهزها به، وأقلعت من فارو بعد ذلك بوقت قصير، مبتهجًا بهذا الموقف غير المتوقع.

كان المجال الجوي للبرتغال وإسبانيا رائع الجمال، ولم يكن يعكر صفو استمتاعي بهذه المناظر الطبيعية الخلابة سوى انقطاع الاتصال بمراكز المراقبة الجوية، كما واجهت أيضًا بعض المطبات الهوائية، خاصة فوق المناطق الجبلية التي كنت أحلق فوقها حتى أصبحت فوق البحر متوجهًا نحو إيطاليا وجزيرة كريت.

فقدت الاتصال مرة أخرى بين إيطاليا وكريت، لكنني سمعت بالصدفة طيارًا من شركة مصر للطيران، وعندما ناديته، تفضل مشكورًا بنقل موقعي ووقت وصولي إلى جزيرة كريت. لفت انتباهي جبل ضخم، مغطى بالثلوج وتضيئه أشعة القمر الفضية، وذلك بمجرد أن حلقت فوق الجزيرة الصغيرة. كان مشهدًا رائعًا ذكرني بالأساطير اليونانية الغامضة وروائع الميثولوجيا.

تلقيت الإذن بالنزول التدريجي والهبوط، بعد أن تركت الجبل خلفي. وبينما كنت أسير بالطائرة على المدرج؛ شعرت بإرهاق شديد، حيث كانت هذه أطول مرحلة طيران في الرحلة حتى الآن.

أوقفت الطائرة وتوجهت إلى مكتب المراقبة الجوية، وأبلغتهم أنني سأغادر في اليوم التالي. أخبرني الضابط المسؤول أنه يمكنني دفع الرسوم قبل إقلاعي مجددًا. شكرته وغادرت على الفور، وأخذت سيارة أجرة وتوجهت إلى أقرب فندق سياحي. ولأننا كنا في منتصف الشتاء، فقد وجدت الفندق شبه خالٍ.

دلفت إلى غرفتي التي كانت تحتوي على أثاث بسيط، ولكنه جميل ومنظم بأناقة. هناك هاتفت عائلتي وصديقي الكابتن حسام الشملان في الكويت، الذي كان يعيش تفاصيل رحلتي كما أعيشها تقريبًا، لكنني لم أجده بالمنزل.

أخبرتني والدته أنه ليس بالمنزل، لكنه كان ينتظر اتصالي، فأعطيتها رقم هاتف الفندق.

وبينما كنت أنتظر مكالمته، شغّلتُ شريطًا للمطربة العربية الشهيرة أم كلثوم، وصدح صوتها في أغنية "أروح لمين" الشجية، فتساءلتُ معها: إلى من أذهب؟

SPAIN

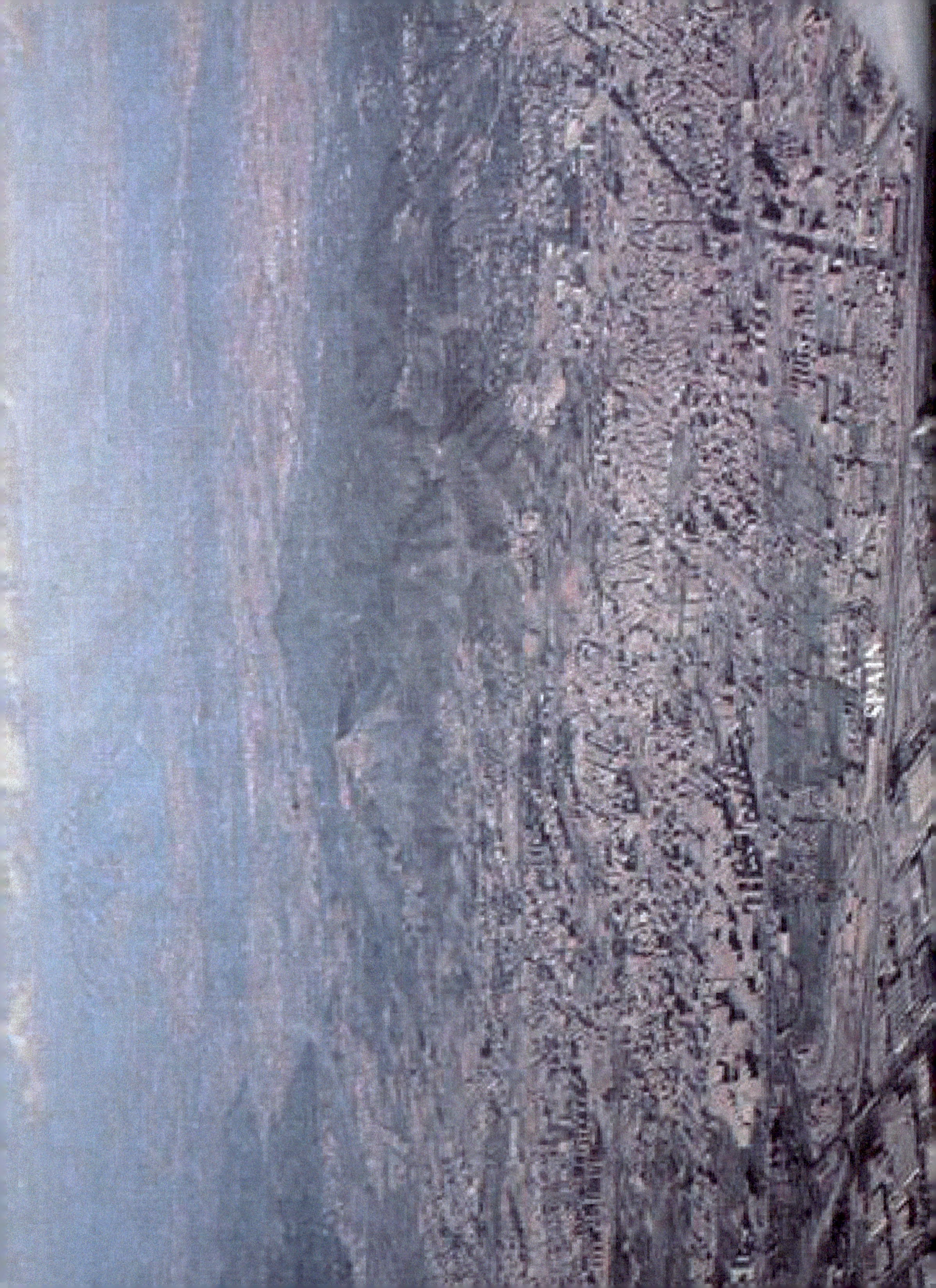

إذًا، ماذا بوسعي أن أفعل؟

أخبرني الميكانيكيون ببساطة أنهم لا يستطيعون مساعدتي؛ غمرني القلق والاكتئاب. لكن فجأة تذكرتُ وجود نوع من زيت السيارات يشبه الزيت المستخدم لمحركات المكابس. عندما سألتُ عنه، أُخبروني أنه ثمة البعض منه، وسألوني عن سبب رغبتي في الحصول عليه. وبعد أن شرحتُ لهم الأمر؛ أبلغني أحدهم بأنه لا يمكنهم تحمل مسؤولية استخدامي زيت السيارات، لأن الطائرة ستتحطم بالتأكيد إذا فعلتُ ذلك.

أجبته بهدوء أن المسؤولية تقع على عاتقي بالكامل، وأنني أرغب في شراء بعض الزيت المتوفر وسأقوم بصيانة الطائرة بنفسي.

لم أُفاجأ حقًا عندما رفض، إذ ربما كان يخشى التورط في أية مشاكل قد تنجم عن ذلك. كان الوضع مُقلقًا بدون وجود الزيت، ولم تكن أمامي أية وسيلة لمغادرة فارو.

في ذلك الحين، عرض أحد العاملين في وكالة أنباء برتغالية أن يشتري لي زيت السيارات الذي أريده من المدينة، إذا أعطيته المال اللازم لذلك.

شكرتُ الرجل بودٍ، وأوضحتُ له أنني أفضل شراء الزيت من قسم المركبات في المطار. لكن عندما ذهبتُ إلى قسم المركبات بنفسي، دُهشتُ عندما رفض البائع شرائي للزيت بعد أن أطلعه على سبب رغبتي في شرائه.

حدثتُ ذاتي بأنه لا مفر من العودة إلى المدينة، لكن بينما كنتُ أسير في المطار، عائدًا من قسم المركبات، التقيتُ بطيار آخر لطائرة صغيرة. تحدثتُ معه ورويتُ له قصتي وأطلعته على المشكلة التي أواجهها. وعندما علم أنني من قطر، أخبرني بسعادة أنه شخصيًا قد عمل في قطر، ثم عاد إلى بريطانيا، لكنه يقضي إجازة في فارو، وقد جاء إليها بطائرته الخاصة.

IRAKLION Tower	CTR **120.85**
	Gnd **122.1**

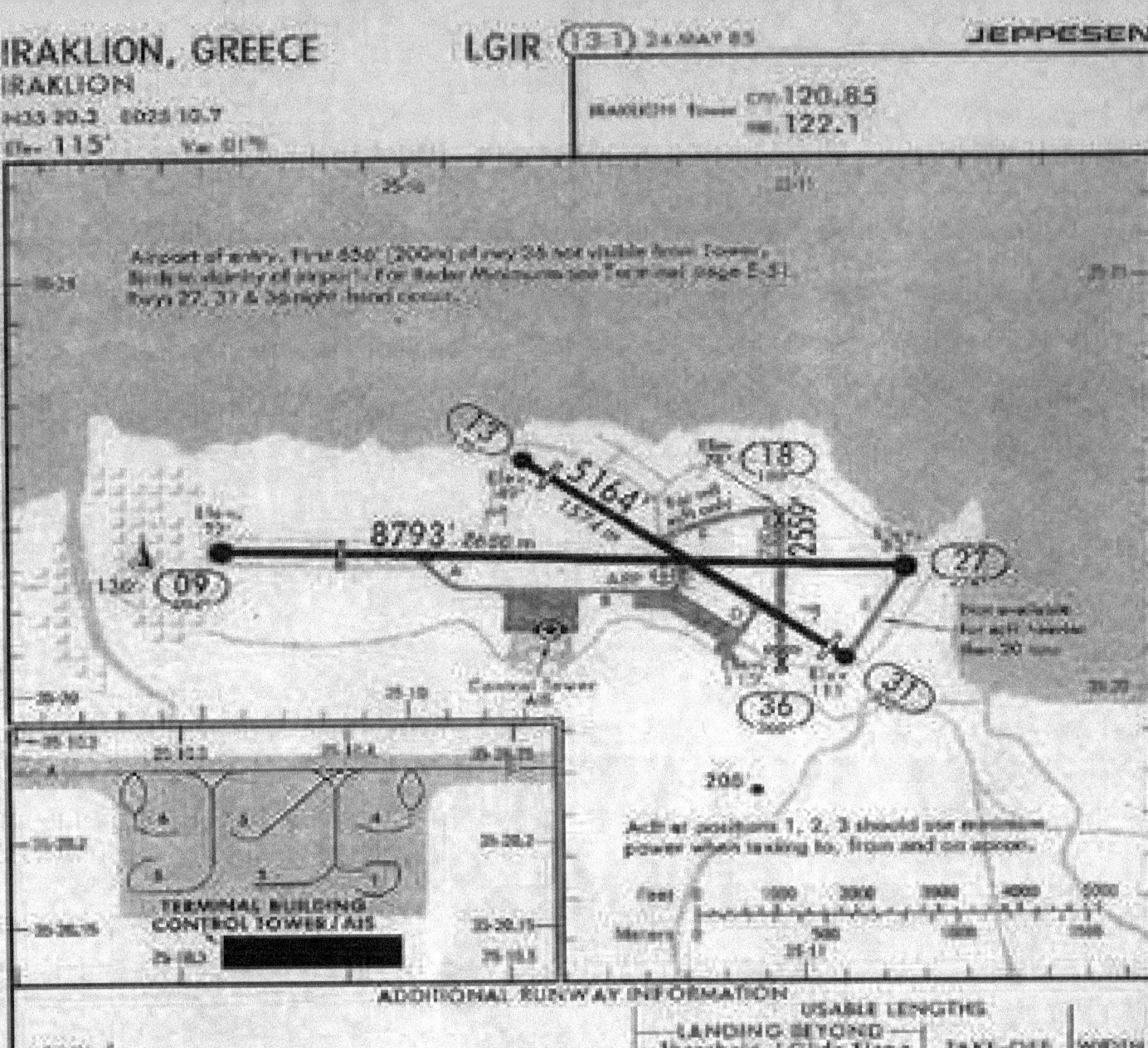

Airport of entry. First 656' (200m) of rwy 36 not visible from Tower.
Birds in vicinity of airport. For Radar Minimums and Terminal (page 13-3).
Rwys 27, 31 & 36 right-hand circuit.

8793' (2680m)   5164' (1574m)   2559'   7213' (2200m)

Aircraft positions 1, 2, 3 should use minimum power when taxiing to, from and on apron.

TERMINAL BUILDING
CONTROL TOWER / AIS

| feet | 0 | 1000 | 2000 | 3000 | 4000 | 5000 |
| Meters | 0 | | 1000 | | | |

ADDITIONAL RUNWAY INFORMATION

RWY			USABLE LENGTHS			WIDTH
			LANDING BEYOND			
			Threshold	Glide Slope	TAKE-OFF	
09 / 27	HIRL, VASI, REIL		7213' 2200m			148' 45m
13 / 31	HIRL		4892' 1426m / 4836' 1474m			164' 50m
18 / 36	temporarily closed		2231' 680m			131' 40m

TURBULENCE IN THE APPROACH, TAKE-OFF AND CLIMB-OUT AREAS

1) Exercise extreme caution as seasonal strong south-southeasterly winds of more than 20 Kts prevail over and in vicinity of the airport. When these winds prevail, the following phenomena are observed affecting seriously the flight safety: a) Severe turbulence during the final apch, in the take off and initial climb-out areas as well as along the RWY 09-27. b) Wind direction varies from 150°-190° at beginning of RWY 27 and from 170°-210° at the beginning of RWY 09. c) The south-southeasterly winds at their initial appearance are gusty.

2) Pilots are urged to volunteer reports of these phenomena to Iraklion Tower or Approach controllers, so that the pilots of following aircraft can be warned.

TAKE-OFF			FOR FILING AS ALTERNATE		
All Rwys					
	With HIRL	Without HIRL	NDB APCH Rwy 09, 27	VOR APCH Rwy 09, 27	VOR or NDB APCH Rwy 13, 31
ICAO	800 m	1600 m	A/B 809'-3200m	1000'-3200m	1197'-3200m
IRAKLION	400 m	800 m	C/D 900'-3000m	1000'-3600m	NOT APPLICABLE

Ceiling of 800' for take-off Rwy 09 required.

ماذا بوسعي أن أفعل؟

North Sea
DENMARK
Copenhagen
UNITED
KINGDOM
IRELAND
Birmingham
London
Hamburg
GERMANY
POLAND
Warsaw
Minsk
Paris
FRANCE
Bordeaux
Toulouse
Milan
Budapest
HUNGARY
ROMANIA
Bucharest
Constanța
YUGO
SLAVIA
BULGARIA
SPAIN
Madrid
Barcelona
ORTUGAL
Lisbon
ITALY
Rome
Naples
Palermo
Messina
Catania
ALBANIA
GREECE
Athens
MALTA
CYPRUS
TUNISIA
Algiers
Oran
Rabat
Casablanca
MOROCCO
Marrakesh
Tripoli
Benghazi
Alexandria
Cairo
ALGERIA
LIBYA
EGYPT
MALI
NIGER
CHAD
SUDAN
BURKINA
NIGERIA
BENIN
GHANA
IVORY
COAST
LIBERIA
Lagos
CAMEROON
CENTRAL AFRICA
EQUAT. GUIN
SÃO TOME &
PRINCIPE
GABON
FARO
CRETE
Distance
1747 n.m.
Time
6:34

توجهت إلى المطار في صباح اليوم التالي لإتمام الإجراءات المعتادة قبل الإقلاع. ولكن ما إن شرعت في فحص الطائرة، حتى كانت مفاجأة أخرى في انتظاري. اكتشفت أن مستوى الزيت في المحرك الأيمن قد انخفض مجددًا بشكل حاد. وعندما طلبت تزويدي بالزيت، أخبرني مهندسو المطار أنهم لا يملكون زيتًا مناسبًا لمحركات المكابس.

JUPITER

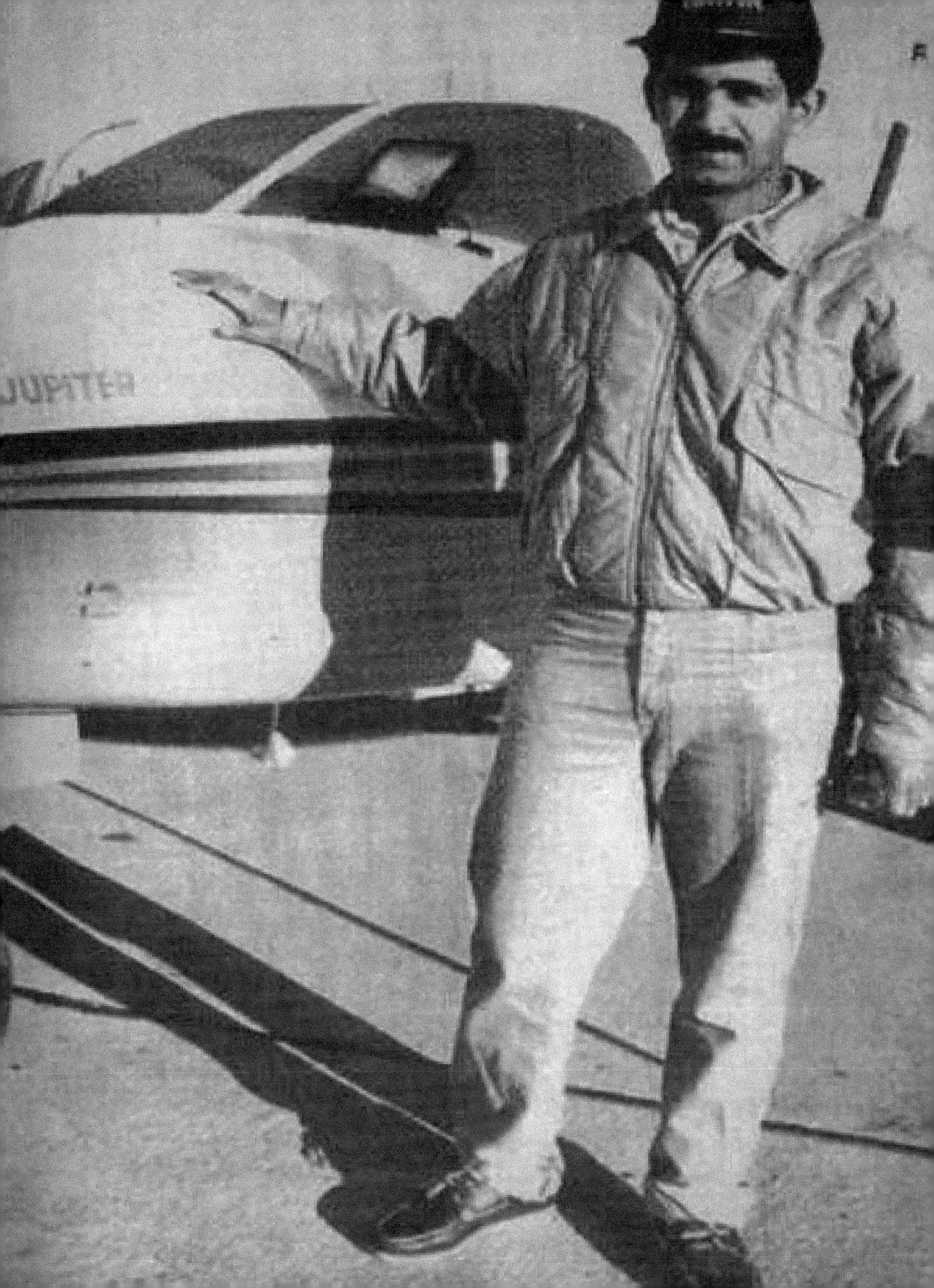

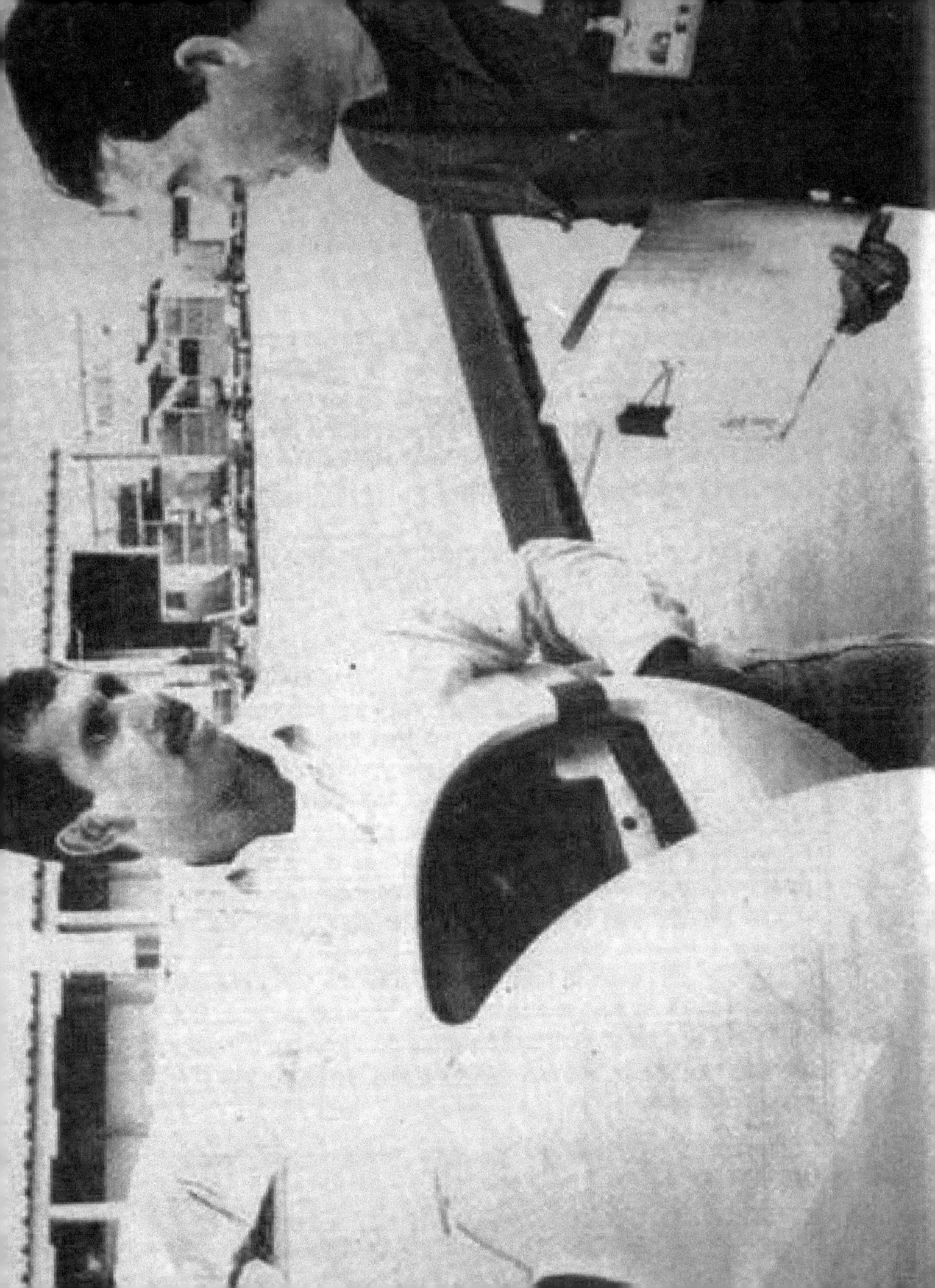

واصلت رحلتي في طائرتي الصغيرة، وعندما مررت فوق لشبونة متجهًا إلى فارو، بدأ المطر يهطل بغزارة. قلت في قرارة نفسي إنني على وشك إنهاء الجزء المتبقي من رحلتي، الذي لم يكن سوى مسافة قصيرة قبل أن أصل إلى وجهتي التالية. كان هذا اختبارًا من الله، وكان الموقف صعبًا بحق.

بدأت في تلاوة آيات من القرآن الكريم، بينما كنت أراقب الأجهزة بعين يقظة، مترقبًا لحظة الوصول. وعندما أصبحت على بعد حوالي 600 قدم من المدرج، رأيت أضواء مدينة فارو تلمع في الأفق، وكان المدرج ظاهرًا أسفل مني. رفعت يدي شاكرًا الله تعالى، إذ أدركت أن رعايته الإلهية كانت ترافقني وتوجه مساري.

أنجزت الإجراءات في المطار بسرعة، ثم توجهت إلى الفندق. هاتفت عائلتي على الفور وأبلغتهم أنني وصلت بفضل الله إلى فارو في البرتغال. أخبرتهم أيضًا أنني سأبقى هناك لمدة يومين قبل أن أواصل رحلتي إلى كريت.

خلال إقامتي في فارو، اكتشفت أن وكالات الأنباء قد أبدت اهتمامًا كبيرًا برحلاتي. بعد أن نشرت جريدة "القبس" الكويتية تفاصيل كاملة عن الرحلة، تلقيت العديد من المكالمات الهاتفية من عدة مدن، حتى من البرتغال نفسها. شعرت بسعادة غامرة، حيث أدركت أن رحلتي قد حققت هدفها، وأن الكثير من الشباب سيستلهمون منها لتحقيق طموحاتهم الخاصة.

حتى عندما ذهبت إلى سريري لأستريح بعد هذه الرحلة الطويلة والشاقة، فوجئت باستمرار الهاتف في الرنين. لكنني لم أستطع طلب إيقاف المكالمات، فقد تكون إحدى المكالمات من عائلتي للاطمئنان عليّ وعلى تفاصيل رحلتي.

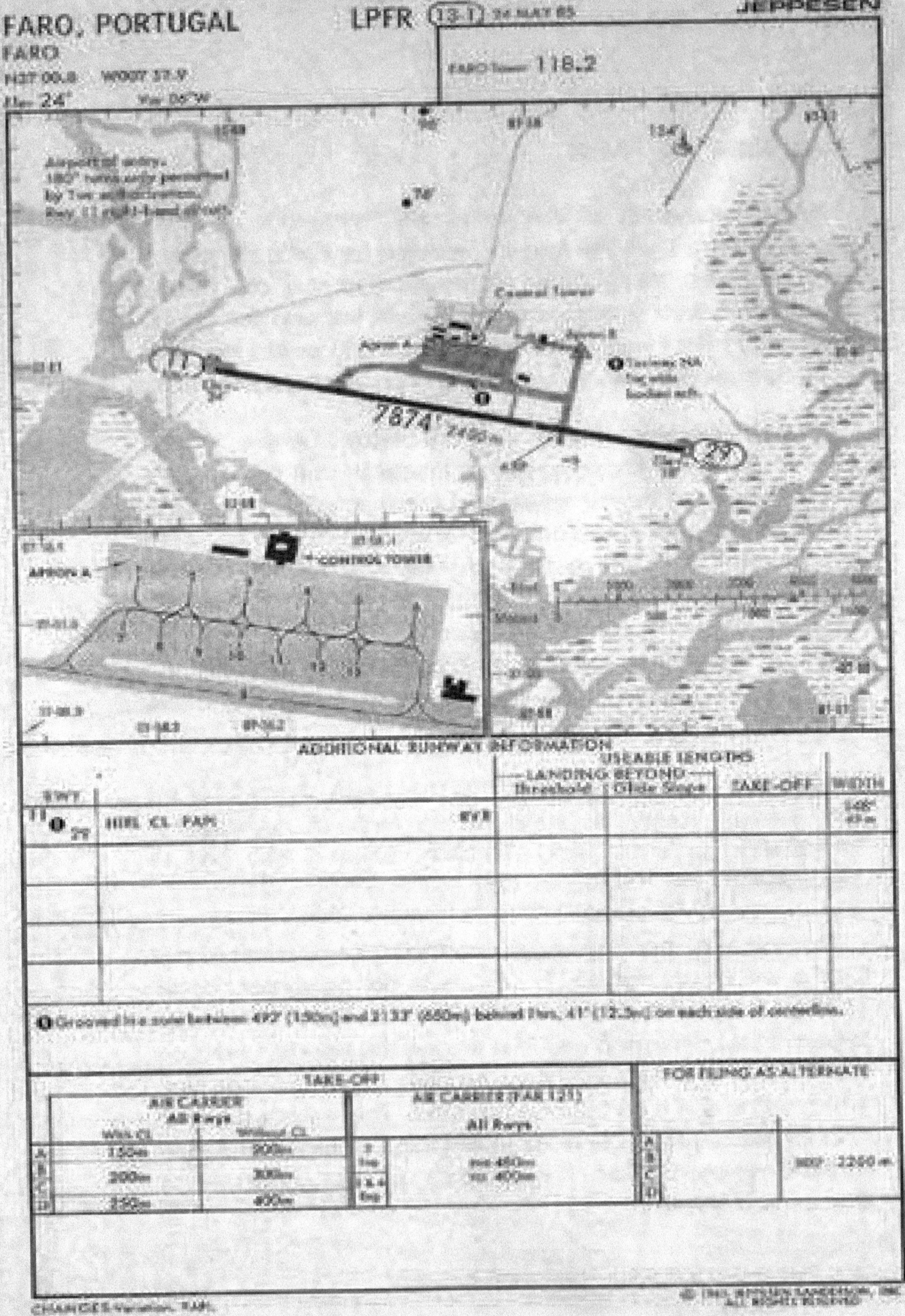

FARO

N37 00.8   W007 57.9

Var 24°   Var 06°W

FARO Tower: 118.2

ADDITIONAL RUNWAY INFORMATION

RWY				USEABLE LENGTHS — LANDING BEYOND — Threshold : Glide Slope		TAKE-OFF	WIDTH
11 / 29	HIRL CL PAPI		RVR				148' / 45 m

Grooved in a zone between 492' (150m) and 2133' (650m) behind Thrs. 41' (12.5m) on each side of centerline.

TAKE-OFF						FOR FILING AS ALTERNATE	
AIR CARRIER All Rwys			AIR CARRIER (FAR 121) All Rwys				
	With CL	Without CL				A B C D	
A	150m	200m		Vis 450m			MDP 2200 m
B	200m	300m	RVR / Vis 400m				
C	250m	400m					
D							

مفاجأة في فارو

بعد أن أكملت كافة الإجراءات اللازمة في مطار سانتا ماريا، أقلعت متوجهًا إلى فارو في البرتغال. لم يكن لدي أي معلومات ملاحية دقيقة أستطيع الاعتماد عليها. في البداية، واجهت اضطرابات جوية شديدة، ثم حل الظلام وغطت السماء سحب كثيفة. شعرت وكأنني في عالم غريب، حيث تتصارع مشاعر متناقضة وحيرة عميقة، مما جعل عقلي غارقًا في حالة من التشتت.

بينما كنت أغادر بحر الأفكار إلى شاطئ الواقع، ألقيت نظرة على شاشة الرادار الصغيرة، وأظهرت وجود ساحل يبعد عني حوالي ثمانين ميلًا، لكنني لم أكن متأكدًا ما إذا كان هذا ساحل البرتغال أم ساحل المغرب. في تلك اللحظة، قررت استخدام الإشارة الملاحية (VOR) من مطار لشبونة في البرتغال؛ ونبهتني للتوجه للأمام مباشرة، ما يعني أنني كنت في المسار الصحيح نحو البرتغال. ومع ذلك، لم أصدق هذا حتى اقتربت من مسافة خمسين ميلًا. حينها، قمت بتوجيه الجهاز إلى إشارة (VOR) في فاطمة، وسط البرتغال، فتوصلت إلى نفس الاتجاه.

شعرت بارتياح كبير وسعادة غامرة عندما اكتشفت بفضل الله أنني على المسار الصحيح، رغم أنني كنت أفتقر إلى المعلومات الملاحية الدقيقة أو حتى معرفة اتجاه الرياح، الذي كان عليّ حسابه بالطريقة التقليدية.

حتى في ظل هذه الظروف الاستثنائية، كنت على يقين تام أن مشيئة الله هي التي ستتدخل. فلا آلة ولا جهاز بإمكانه تغيير ما أراده الله لنا. لقد كانت هذه تجربة فريدة علمتني درسًا قيّمًا وأنا أحلق بين السحب. أدركت عمق حكمة حديث النبي صلى الله عليه وسلم: "اعقلها وتوكل"، بمعنى أنه يجب على الإنسان أن يضع خططًا دقيقة في أي ظرف كان، ثم يتوكل على الله وحده. وكانت مشيئة الله هي التي هدتني إلى الطريق الصحيح.

مفاجأة في فارو

North Sea
DENMARK
UNITED
KINGDOM
IRELAND
POLAND
GERMANY
CZECH
SLOVAKIA
FRANCE
HUNGARY
YUGO
SPAIN
Barcelona
ITALY
ALBANIA
PORTUGAL
Lisbon
TUNISIA
MALTA
Casablanca
MOROCCO
Canary Islands
ALGERIA
LIBYA
WESTERN
SAHARA
MAURITANIA
MALI
NIGER
CHAD
SENEGAL
Dakar
THE GAMBIA
GUINEA-BISSAU
BURKINA
GUINEA
SIERRA LEONE
IVORY
COAST
GHANA
NIGERIA
LIBERIA
CAMEROON
CENTRAL AF
GABON
SANTA MARIA
FARO
Distance
841 n.m.
Time
5:53

كان الرجل لطيفًا للغاية، فبادر بإعداد بعض السندويشات لأخذها معي على الطائرة. توجهت إلى غرفتي بسرعة، حزمت حقيبتي وأديت صلواتي. بعد دقائق، قدم الرجل وهو يحمل أربع سندويشات مغلفة بالبلاستيك. كنت جائع للغاية، فقررت أن أتناول واحدة على الفور. وعندما فتحت السندويشة الأولى، اكتشفت أنها محشوة بلحم الخنزير. وكان الوضع نفسه مع السندويشات الأخرى. بالطبع، كان الرجل يعتقد أنه يقدم لي طبقًا فريدًا، إذ يُعتبر لحم الخنزير من الأطعمة المميزة في تلك المنطقة.

تركت السندويشات بحزن، لكنني لم أعد أشعر بالجوع بعد. حملت حقيبتي وتوجهت نحو المطار. كانت المسافة طويلة والمشي مرهقًا، وعندما وصلت، شعرت بألم في كتفي من ثقل حقيبتي.

كان من الصعب عليّ أن أشرح رغبتي في إجراء مكالمة هاتفية إلى الدوحة. بينما كانت الإشارة إلى الهاتف أمرًا بديهيًا، إلا أن مشكلة "الدوحة" كانت أكثر تعقيدًا. كتبت الاسم، ولكن استغرق الأمر بعض الوقت حتى تمكنوا من فهم ما كنت أود شرحه. وفي النهاية، تمكنت من الاتصال ببرج المطار في الدوحة وطلبت منهم إبلاغ عائلتي في الصباح بوصولي بسلامة إلى الأزور.

قررت في الصباح الذهاب إلى المطار سيرًا على الأقدام، ولاحظت أن هناك صبيًا في السابعة من عمره يمشي خلفي. وعندما وصلت إلى مكتب الأرصاد الجوية، كان الصبي يراقب طائرتي من وراء السياج المحيط بالمطار. توقفت للحظة وألقيت عليه نظرة تشجيعية.

أشار لي إن كانت الطائرة تخصني؛ أومأت برأسي تأكيدًا. ثم سأل إن كان لدي صورة لي. وبالصدفة، عثرت على صورة كنت أستخدمها لأغراض التأشيرات والجمارك.

توالت المفاجآت في مكتب الأرصاد. بعد أن رحب بي الموظف، استفسرت عن حالة الطقس وسرعة الرياح واتجاهها على طول مساري إلى فارو في البرتغال. اعتذر لأنه لم يكن لديه معلومات دقيقة عن الرياح، لكنه أضاف أن توقعات اليوم السابق أشارت إلى أن الرياح ستكون مواتية. ابتسمت في نفسي، إذ كانت المعلومات التي أملكها تتناقض مع ما أخبرني به. وعندما سألته عن حالة الطقس، أكد لي بثقة تامة أنه لا داعي للقلق وسيكون الطقس، كما قال، جيدًا: أمطار، سحب كثيفة، وعواصف رعدية، لكنه طمأنني أن كل شيء سيكون على ما يرام. لم أتمكن من كبح ضحكتي عندما سمعت هذا، إذ لم أكن قد صادفت من قبل مسؤول أرصاد جوية يفتقر إلى هذه الدرجة من المعلومات الدقيقة. قررت العودة إلى الفندق للاستعداد للرحلة إلى فارو عبر لشبونة.

سألت صاحب الفندق عن موعد فتح المطعم، فأجاب أنه مغلق حتى الساعة الثانية عشرة ظهرًا. أخبرته بأنني كنت على وشك الهلاك من الجوع، إذ لم أتناول أي طعام من الأمس.

بينما كنت أحلق فوق إحدى الجزر، كانت السماء مغطاة بسحب كثيفة، وكان المطر يتساقط بغزارة، مما جعل الوضع في غاية الصعوبة واحتاج إلى تركيز شديد من جانبي. وعندما اقتربت من مطار سانتا ماريا، تفاقمت الحالة الجوية، حيث زادت شدة الأمطار وواجهت اضطرابات جوية شديدة. ومع كل هذا، لم يسعني إلا أن أقول: "الحمد لله" فقد عبرت المحيط الأطلسي دون أن أواجه صعوبات حقيقية، وبقيت أمامي فقط بعض التحديات التي ينبغي عليّ التغلب عليها في المسافة القصيرة المتبقية إلى سانتا ماريا.

تلقيت إذن الهبوط من المطار، وبعد أن استخدمت خرائط الاقتراب الخاصة بي، استطعت رؤية المدرج من ارتفاع 500 قدم عن سطح الأرض، وهبطت بسلام.

كان مطار سانتا ماريا واسعًا جدًا، لكن ما أثار دهشتي هو أنه كان فارغًا تمامًا. وعندما خرجت من الطائرة، سألني أحد موظفي المطار عن وجهتي، وعندما أخبرته بأنها الكويت، رد على الفور: "إذن أنت من أغنياء القوم!" فابتسمت وأجبته: "وأين هي ثروتي بعد أن اتخذت الدول الغربية إجراءات لخفض أسعار النفط". اتفقنا على أن نلتقي في مكتبه، وبعد أن جمعت أغراضي من الطائرة، توجهت إلى هناك. سألني عن سبب تأخري في الهبوط، فشرحت له أنني لم أتلقَّ إذن الهبوط إلا بعدما كنت فوق المطار. وعندما وصلت إلى مكتب الهجرة، قابلني جندي في غاية اللطف، ورغم أنه لم يتحدث الإنجليزية، تمكنا من التواصل بسهولة عبر الإشارات. ثم اصطحبني أحد موظفي الجمارك إلى الفندق الذي كان يبعد عن المطار حوالي ميل.

كان الطريق الذي سلكناه مظلمًا وموحشًا، وعندما وصلنا إلى الفندق، وجدته شبه خالي. وواجهت مجددًا صعوبة في التواصل بسبب حاجز اللغة، مما اضطرني للاعتماد على الإشارات في محاولات التواصل.

وضعتُ على رأسي قبعة صوفية للاختباء من شدة الرياح. كنتُ بحاجة ماسة إلى هذا الدفء، فالمكيف في الطائرة كان فعّالًا فقط في الجزء السفلي من المقصورة.

بعدما قطعتُ مسافة 150 ميلًا فوق نيوفاوندلاند، أدركت أن الأجهزة الملاحية لم تعكس نفس القراءات التي حسبتها باستخدام الوسائل التقليدية.

أشارت الأجهزة إلى ضرورة التوجه نحو الميناء، وهو ما كان سيخرجني عن مساري. قمتُ على الفور بالتحقق من جهاز الملاحية الذي يعمل بالأقمار الصناعية (SAT-NAV)، وكانت النتيجة واضحة، إذ تبين لي أنني كنت خارج المسار الصحيح وأنه ينبغي لي أن أتوجه إلى اليمين.

قررتُ أن أعتمد على الحسابات التي أعددتها قبل الرحلة، والتي كانت الأكثر دقة في تقدير المسار.

وأنا أحلق وسط سماءٍ زرقاء محاطة بالأمواج المتلاطمة من أسفل، اتصلت بعائلتي في الدوحة (تمكنتُ من فعل ذلك بفضل إحدى الشركات التي توفر خدمات الاتصال عبر الأقمار الصناعية) أخبرتهم أنني في طريقي إلى الأزور، وكانت أصواتهم واضحة تمامًا، بينما كان صوتي خافتًا للغاية رغم محاولاتي الشديدة في رفعه. وعدتهم بأنني سأتصل مجددًا فور وصولي.

رغم أن المكالمة كانت قصيرة، إلا أن سماعي لأصوات أحبائي منحتني راحة نفسية عظيمة، وهدأت مخاوفهم بشأن رحلتي. كانت تلك اللحظة بمثابة تنفيس عن الوحدة التي فرضتها الرحلة، وأعادت لي العديد من الذكريات الجميلة.

وعندما حل الظلام، بدأتُ في تعديل المسافات على الرادار؛ وظهرت على الشاشة فجأة نقطة بدت وكأنها جزيرة، على بُعد حوالي 100 ميل، وعلى بعد خمس إلى ثماني درجات على الجهة اليمنى.

هل كانت إحدى جزر الأزور؟ لم أصدق ما رأيته. قمتُ بالتحقق من جهاز تحديد الاتجاه التلقائي (ADF)، فبدأ المؤشر في التدوير ثم استقر بعد خمس دقائق ليشير إلى الأمام مباشرة.

حمدتُ الله سبحانه وتعالى على أنني كنت على المسار الصحيح تقريبًا دون أي انحراف يُذكر.

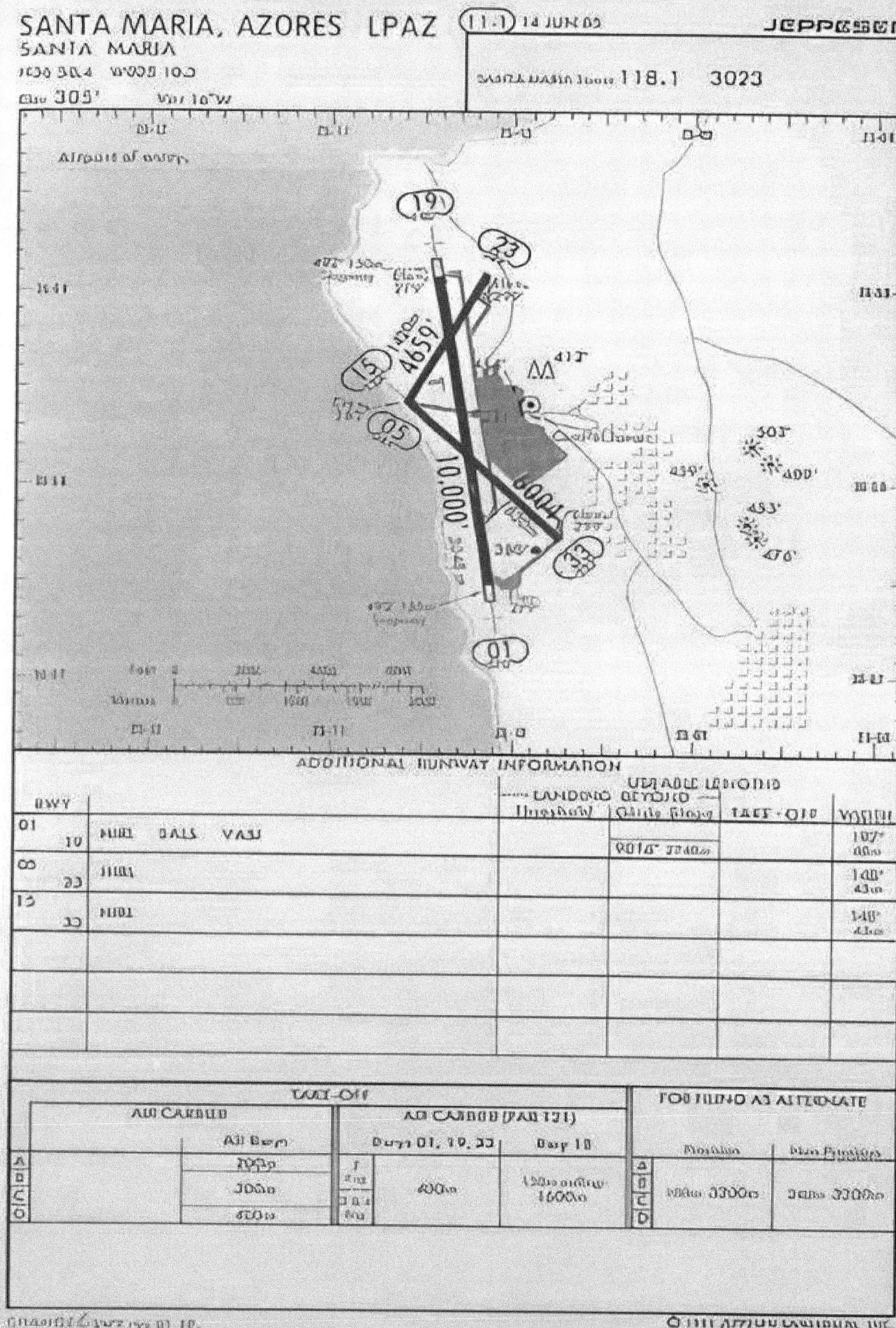

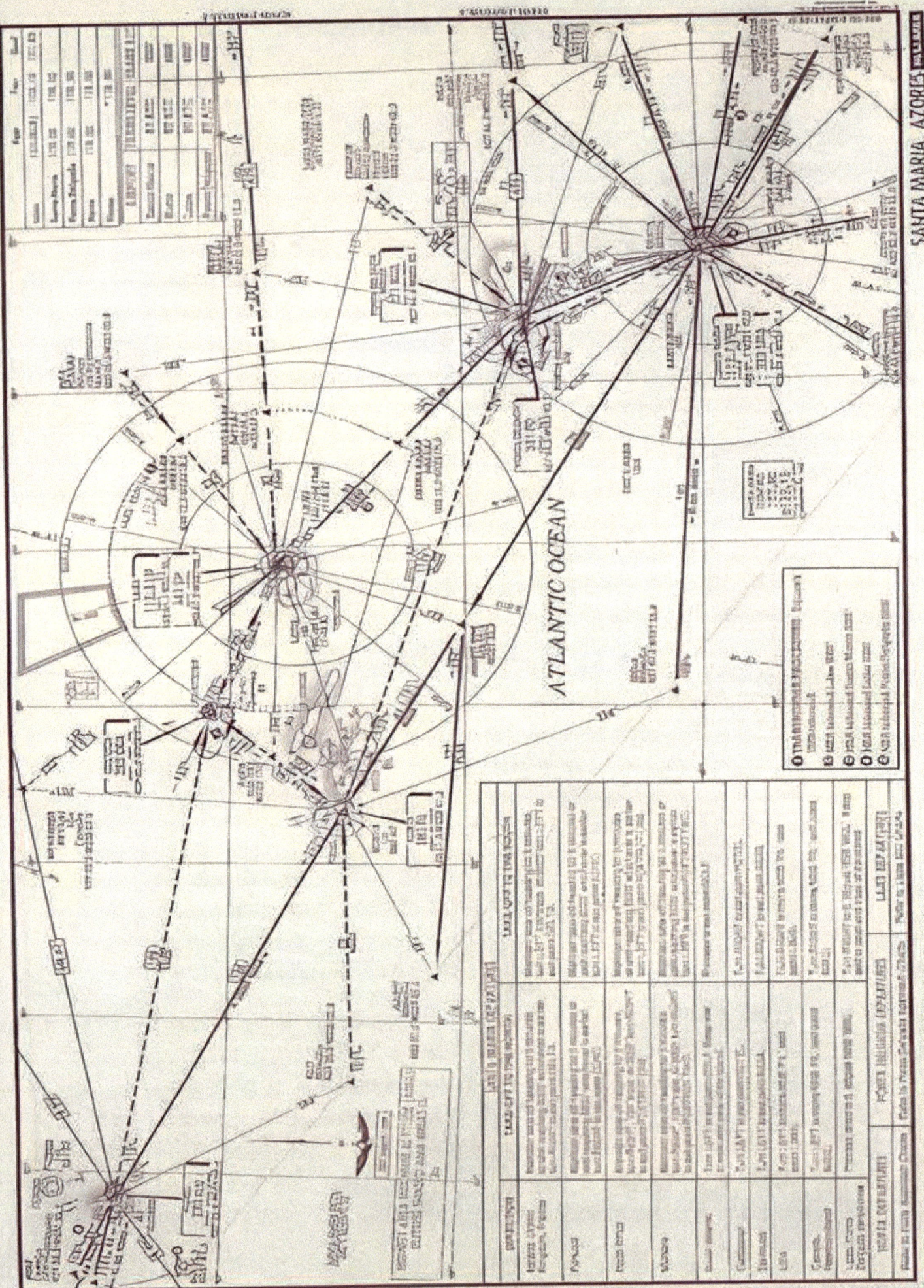

ATLANTIC OCEAN
HORTA DEPARTURES
PONTA DELGADA DEPARTURES
LAJES DEPARTURES
SANTA MARIA, AZORES

التواصل بالإشارات

بينما كنتُ أحلق بالطائرة فوق غاندر، كانت الرياح تعصف من حولي، وكانت الطائرة تتمايل وتتحرك يمينًا ويسارًا كما اعتدنا. توجهتُ صوب سانت جونز، وبدأتُ تحضيراتي لعبور المحيط الأطلسي. بدأتُ أولًا بتحديد إعدادات الأجهزة الملاحية، وعندما انتهيتُ من ذلك، كنت قد ابتعدت كثيرًا عن المدينة.

من خلال الفتحات التي شقت السحب، تمكنتُ من النظر إلى الأرض أسفل الطائرة. كان المنظر رائعًا بحق، يثير في النفس التواضع والهدوء والسكينة. وكأنها لوحة فنية رسمها الخالق، جلّ جلاله. لكن كم من المرات نغرق في تفاصيل حياتنا الصغيرة لدرجة أننا نفقد فرصة الاستمتاع بمثل هذا الكون؟

ثم بدأ المحيط يظهر بين السحب الداكنة، حيث كانت الأمواج تتلاطم بعنف، ترتفع وتدور. كان المشهد لا يُصدق، يكاد يكون من عالم آخر. أخرجت كاميرتي ووجهت عدستي المكبرة صوب الأمواج. كان منظرها بحد ذاته مخيفًا. تلك الأمواج قد تبتلع إنسانًا دون رحمة، وإذا تمكنت من النجاة من واحدة، فإن الثانية قد تكون أكثر فتكًا.

وبحمد لله، فبالرغم من العواصف العاتية، هناك دائمًا أرض هادئة ومسالمة تتناغم مع تلك الأمواج المتلاطمة! إنها مشيئة الله، سبحانه وتعالى، أن تجمع الأضداد معًا في تناغم غريب: الليل والنهار، الصيف والشتاء، جميعها موجودة بتوافق عجيب.

قطعت رائحة الوقود المتسربة من خزانات الوقود الإضافية في قمرة القيادة تأملاتي. كانت الرائحة قوية جدًا لدرجة أنني شعرت وكأنني أختنق. فتحتُ المراوح على الفور ليتسلل الهواء البارد إلى داخل المقصورة. شعرت وكأنني داخل ثلاجة، حيث تجمدت ولم أقو على التحرك. كانت الرياح شديدة البرودة، لكن إذا أغلقْتُ المراوح، كنت سأختنق من الأبخرة المتصاعدة.

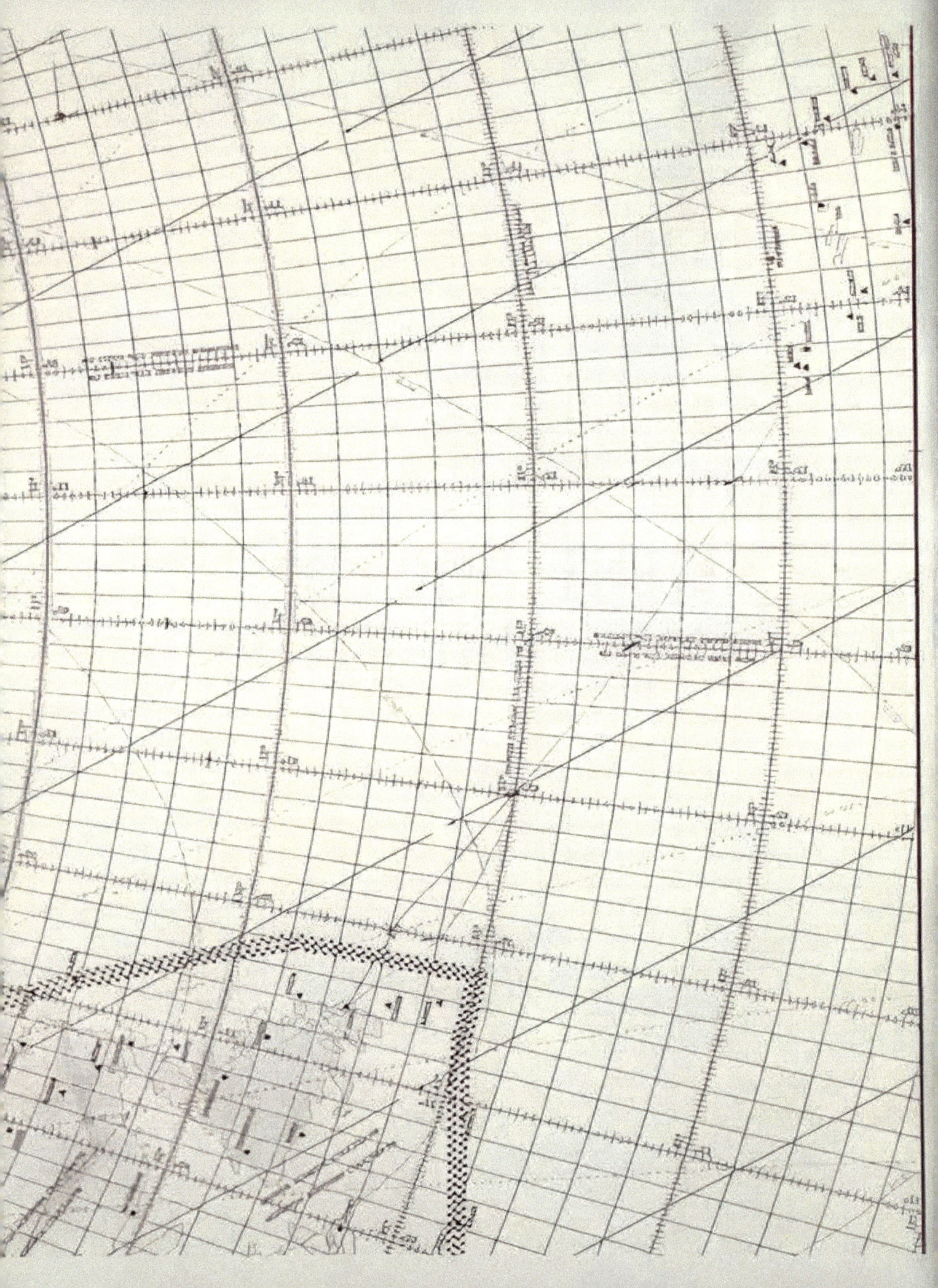

التواصل بالإشارات

SEA
St. John's
Cape Race
Sydney
Azores
Santa Maria
ATLANTIC
OCEAN
ANTIGUA & BARBUDA
DOMINICA
SAINT LUCIA
BARBADOS
GRENADA
TRINIDAD & TOBAGO
CAPE VERDE
ISLANDS
SURINAME
FRENCH
GUIANA
GANDER
SANTA MARIA
Distance
1494 n.m.
Time
9:00

قررتُ أن أغادر في الصباح الباكر لأصل إلى جزر الأزور في ضوء النهار. لذا، طلبتُ من موظف الفندق أن يوقظني في الخامسة صباحًا. وقبل أن أغفو، شعرت بأن البرد القارس بدأ يتفاقم، وكانت الثلوج تتساقط بغزارة.

استفاقت عينيَّ على صوت الساعة، فوجدت أنها قد تجاوزت الثامنة والنصف؛ وأدركت حينها أن موظف الفندق قد نسي أن يوقظني في الموعد المحدد، قفزتُ من سريري بسرعة، وجمعت ملابسي وأوراقي في عجل.

توجهتُ إلى المطار بسيارة أجرة، وضعت حقائبي في الطائرة، ثم ذهبت مباشرة إلى مكتب الأرصاد الجوية. أخبرني المختصون بأن مناطق الضغط المنخفض قد توجهت نحو جزر الأزور، وكان من المتوقع هطول أمطار غزيرة وقت وصولي.

عدتُ إلى الطائرة، واستخدمت جهاز تدفئة لتسخين المحركات وضمان أدائها الأمثل. ثم بدأت في إزالة الثلوج التي تراكمت على الطائرة، وأثناء قيامي بذلك، لاحظت أن المدينة كانت مغطاة بالغيوم بالكامل، باستثناء منطقة المطار.

من دون تأخير، شغلتُ المحركات وحصلت على إذن من برج المراقبة للتحرك نحو مدرج الطائرة؛ وأثناء فحص المحركات والتأكد من كفاءتها، كانت الرياح تعصف بالأجواء. أقلعتُ متجهًا إلى الغرب، وعندما عبرت المطار، وجهت الطائرة نحو الشرق في طريقها إلى سانت جونز.

أخبرني أن الصحفيين في جريدة القبس أبدوا اهتمامًا استثنائيًا بالرحلة، وأعربوا عن رغبتهم في تغطيتها بتفاصيل دقيقة، يومًا بيوم، تمامًا كما فعلت إذاعة الكويت، وخاصة في برنامجها المتميز "صحيفة المساء".

في نفس اليوم، تلقيتُ اتصالًا من السيد ناصر العثمان، رئيس تحرير صحيفة الراية القطرية، الذي استفسر عن سير رحلتي. كما تواصلت معي إذاعة وتلفزيون قطر للحصول على آخر المستجدات، بالإضافة إلى وكالة الأنباء القطرية التي طلبت مني إبلاغها بآخر التحديثات. وبلا شك، أسعدني هذا الاهتمام البالغ بمسيرتي.

عدتُ إلى المطار لملء خزانات الوقود، وكانت بعض الأجزاء مغطاة بالثلوج؛ وفي تلك الأثناء اكتشفتُ أن هناك تسريب زيت بداخل المحرك الأيمن، لكنني لم أتمكن من تحديد المشكلة بدقة. وبينما كنت في مكتب الأرصاد الجوية؛ تم إجراء صيانة شاملة للمحركات.

كنتُ على علم بوجود منطقة ضغط منخفض على مسار رحلتي عبر المحيط الأطلسي باتجاه جزر الأزور؛ وأكدت المعلومات التي حصلت عليها أن التغيرات في درجات الحرارة على مختلف الارتفاعات ستمنع تكون الجليد على أجنحة الطائرة؛ وعليه لم أشك قط في إمكانية إتمام الرحلة، فقررت أن أغادر غاندر في اليوم التالي. كانت هذه فرصتي الوحيدة، حيث كان من المتوقع أن تضرب المنطقة عاصفة شديدة تستمر لمدة ثلاثة أيام.

عدتُ إلى الفندق للبدء في تخطيط الرحلة. كان عليَّ رسم مساري بنفسي، حيث لم تُظهر الخرائط أي مسار ملاحي محدد. قمت بتحديد نقاط الإبلاغ الخاصة بي باستخدام الإحداثيات الدقيقة، إذ كان من الضروري إرسالها إلى مركز غاندر خلال الرحلة، مع تقديرات الوقت والارتفاع وظروف الطيران.

في البداية، تواصلت مع برج المراقبة في مطار الدوحة، وطلبتُ منهم أن يبلغوا عائلتي بوصولي إلى كندا سالمًا، مع إبلاغهم برقم هاتف الفندق الذي أقيم فيه ورقم غرفتي كذلك؛ فلم أرغب في إزعاجهم بالاتصال بهم مباشرة.

بعد ذلك، تواصلت مع مكتب الأرصاد الجوية للاستفسار عن حالة الطقس المتوقعة في "غاندر". كنت بحاجة إلى معرفة التوقعات لأتمكن من تحديد الوقت الأنسب للمغادرة، وكذلك لإعداد خطة الطيران عبر المحيط الأطلسي متوجهًا إلى أيرلندا.

فوجئتُ بأن الأحوال الجوية كانت لا تزال سيئة للغاية. أخبرني طياران بأن الجليد قد تكون على طائراتهما حتى بعد تغيير الارتفاعات. وبحسب رأيهما، كان الجليد سيتشكل في كل الارتفاعات بين 1,000 و18,000 قدم، ولم يكن هناك أي أمل في تحسن أحوال الطقس.

بناءً على ذلك، كان عليَّ تعديل مسار الرحلة الذي كنت قد خططت له. ومع ذلك، قررت أن أترك ذلك للغد بعد أن أتمتع بنوم هادئ ومريح، وما إن مرت لحظات حتى غفوت بعمق.

في صباح اليوم التالي، قررت التوجه نحو جزر الأزور، التي تقع في المحيط الأطلسي المظلم قبالة سواحل البرتغال. ثم هاتفت صديقي الكابتن حسام الشملان، الذي أبدى سعادته واطمئنانه على سلامتي، وأخبرني أن المسؤولين في الكويت كانوا قد أعدوا خطة استقبال حافلة لي.

لاحقًا، تلقيتُ مكالمة أخرى من صديقي العزيز محمد اللعنزي من الكويت، الذي سأل عن أحوالي وتمنى لي رحلة موفقة بإذن الله.

قال مبتسمًا: "كل شيء على ما يرام"، ثم رحب بي في كندا.

كان هذا الموظف الجمركي بعيدًا عن المألوف؛ يتحدث بود واهتمام، وسألني عن مكان إقامتي في كندا. وعندما أخبرته أنني سأقيم في فندق "هوليداي إن"، سألني إذا كنت من محبي الأسماك. وعندما أجبته بالإيجاب، نصحني بفندق "الألباتروس"، الذي يُعرف بتقديمه لأشهى أطباق المأكولات البحرية. وقال إنه يذهب هناك كثيرًا ويستمتع بتناول السمك اللذيذ. في النهاية، أعطاني عنوان الفندق، ثم ختم جواز سفري، ألقي نظرة أخيرة على حقائبي، وودعني بابتسامة دافئة، وأرشدني إلى المخرج.

لا زلت أتمنى أن نتعلم كيف نتعامل مع الآخرين بتلك الروح الودية والمرحة في مطاراتنا، وموانئنا، ومعابرنا الحدودية. فكم من مرة يحتاج الزوار، الذين يخطون أولى خطواتهم في بلادنا، إلى شخصٍ يساعدهم ويستقبلهم بابتسامة لطيفة.

كان صداع الرأس الذي أصبت به أثناء الرحلة لا يزال يؤرقني، وكان يزداد شدة مع مرور الوقت. فقد كنت، في تلك اللحظة، أشعر بالبرد القارس والجوع الشديد. لقد استهلكتني التجارب التي مررت بها طوال اليوم، فضلًا عن الطقس العاصف.

استقلت سيارة أجرة وتوجهت إلى الفندق مباشرة. وعند وصولي، غيّرت ملابسي وطلبت وجبة سمك. وكان كما وصفه لي الموظف الجمركي، لذيذًا بكل ما تحمله الكلمة من معنى. ولكن في تلك اللحظة، ربما كان جوعي المفرط هو ما جعل أي طعام يبدو رائعًا.

عدت إلى غرفتي، وهناك كانت بعض الأمور التي يجب علي إنجازها قبل أن أستسلم للنوم.

من أين جاء هذا الرجل وما هذه الحقائب؟

سألته عن مكان الجوازات والجمارك، فإذا به يخبرني أن البوابة السادسة هي المكان المقصود، فأصابني الفزع. كان عليّ أن أعود إلى الهواء القارص، لأمضي في مسافة أخرى وأنا أجرّ حقائبي الثقيلة!

وفي تلك اللحظة، وفيما كنت أستجمع شجاعتي للانطلاق مجددًا، تقدمت موظفة بالمطار وعرضت عليّ أن تسلك بي طريقًا مختصرًا داخل المبنى إلى الجمارك. شكرتها من أعماق قلبي، إذ أصبحت فكرة عدم مواجهة الرياح الباردة أمرًا يستحق الامتنان.

بينما كنا نمر بالممرات النظيفة والفسيحة، تخيلت ماذا كان سيحدث لي لو كنت في أحد المطارات العربية! كنت سأواجه الحواجز والتعقيدات، وربما كان مصيري الاعتقال! أولًا، سيكون عليّ أن أشرح سبب وصولي إلى البوابة الخطأ، ثم سيتعين عليّ تبرير ذلك بأنني لم أكن أتعمد الخطأ. بعدها، ستتوالى الأسئلة الفضولية، وكل إجابة كانت تُعرض على لجنة تحكيم لإثبات براءتي.

شغلت ذهني هذه الأفكار حتى وصلت إلى قاعة الجمارك. سألني الموظف عن مكان قدومي، فأجبته بأنني قد وصلت من فلوريدا على متن طائرة خاصة. طلب مني نموذج التصريح الجمركي، وعندما أخبرته بعدم وجوده معي، قام بإخراج النماذج وطلب مني تعبئة أحدها، وأخذ البقية معي لاستخدامها لاحقًا. ثم فحص جواز سفري ونظر في تأشيرتي الكندية.

لكن الرجل طمأنني قائلًا بصوت هادئ: "لا تقلق، اترك الطائرة في مكانها، فسيتم الاعتناء بها. سنزيل الثلوج عنها، وعندما يحين وقت مغادرتك، ستُدفأ المحركات باستخدام المدفآت". كانت كلماته كاحتضانٍ في بردٍ قارس، أشعرتني بطمأنينة بحق، فسألته إذا كان بإمكاني تغيير وضع الطائرة، خوفًا من أن الرياح العاتية قد تدفعها إذا بقيت دون تثبيتها بالأرض. لم يعترض الرجل، بل أومأ بالموافقة.

عدت إلى الطائرة، محاولًا تغيير مكانها بجهد، ثم شرعت في إخراج خرائط "جيبسن" لترتيبها في ملفاتي، فقد كانت مساحة قمرة القيادة ضيقة إلى حدٍ يجعل التنفس صعبًا. أخرجت حقيبتي الصغيرة من حجرة الأمتعة الأمامية، وأحكمت ربط أدوات التحكم باستخدام حزام الأمان. بعد ذلك، أغلقت أبواب الطائرة بإحكام، وكأنني أغلق بابًا على أحد أعظم مغامرات حياتي.

توجهت مجددًا إلى مكتب شركة "شيل"، لكن هذه المرة كان الطريق أكثر قسوة؛ فقد كنت أجرّ الحقائب الخمس التي تحتوي على ملابسي ومستنداتي، والشعور بالثلوج المتراكمة تحت قدمي كان يعكر صفو كل خطوة أخطوها. متوكلًا على الله، بدأت مشواري عبر الثلوج التي كانت تلتهم الطريق أمامي. كانت تلك أكثر المسافات التي قطعتها في حياتي، ثقيلة وموحشة، كما لو أنني أسير عبر عالمٍ قاس وشرس. وعندما وصلت أخيرًا إلى المكتب، اكتشفت أن المشوار لم ينتهِ بعد. أخبرني الموظف، بابتسامة اعتذار، أنه يجب عليّ التوجه إلى مبنى وصول الركاب الذي كان يبعد مسافة أخرى. اعتذر لعدم توفر وسيلة نقل، فما كان أمامي إلا أن أواصل المسير، حاملًا حقائبي الثقيلة، مُصرًا على أن أتحمل شقاء هذه الرحلة.

ومع مرور الدقائق التي بدت كالساعات، وصلت أخيرًا إلى باب المبنى، والحمد لله. شعرت بسعادة عارمة وأنا اختبئ من برودة الرياح في دفء المكان، وأخيرًا أضع حقيبتي الثقيلة على الأرض. ولكن في تلك اللحظة، وبينما كنت ألتقط أنفاسي، لفت انتباهي شرطي كان جالسًا قرب الباب. وعندما رآني، تغيرت ملامح وجهه فجأة، وقام واقفًا في دهشة، وكأنني ظهرت من عالمٍ آخر.

أسرني منظر طائرة من طراز "ترايستار" متوقفة في المطار، كانت تابعة لشركة "أمريكان ترانس إير"، المتخصصة في الرحلات السياحية الخاصة. كان لها شكل بديع لا يزال عالقًا في ذاكرتي، جاثمة بكل فخر بين العواصف والثلوج المتساقطة. تتراقص الأضواء والظلال على هيكلها، كأنها تخلق حولها هالة من الغموض الساحر.

ركنت طائرتي في مكانها، ثم بدلت حذائي بآخر يتناسب مع الثلوج التي كانت تغطي الأرض، ولكن عندما حاولت النهوض من مقعدي، شعرت وكأن ساقيّ قد تجمدتا، فقد أعاقني الإرهاق بعد الساعات الطويلة التي قضيتها جالسًا. ومع مرور لحظات، استعدت قوتي تدريجيًا وتمكنت أخيرًا من النهوض. وعندما فتحت الباب، فوجئت بالبرد القارس الذي اخترق وجهي، كان الريح يضربني بقوة، حتى شعرت وكأن وجهي يتعرض لآلام السكاكين؛ كان الطقس أبرد مما شعرت به في أي وقت مضى.

مررت على خزان الوقود وتسللت نحو الباب، ثم نزلت من الطائرة متأملًا المشهد من حولي. كانت الأضواء باهتة، وتنعكس على الثلوج مكونة أشكالًا غريبة كأنها أطياف أشباح متراقصة. كانت الرياح العاتية تملأ الفضاء بفتات الثلج الذي يتحرك في كل مكان، وفي الأفق البعيد كانت أضواء مكتب شركة "شيل" تظهر بخفوت. لم يكن أمامي خيار سوى أن أصل إلى هناك، مهما كان الطريق. مشيت وكأنني بطل في فيلم رعب، تسحبني الرياح ولا أدري إلى أين.

عندما وصلت إلى المكتب، أخبرت الموظف بأنني قد هبطت بطائرتي وأرغب في ركنها في أحد الحظائر لأنني سأمكث في غاندر لمدة يومين. قام الموظف بالاتصال بالشركة المالكة للحظائر، ولكن ما إن تحدث إليها حتى أخبره بأن الحظائر كانت ممتلئة بالكامل بسبب العاصفة، وأنه لا يوجد مكان لطائرتي.

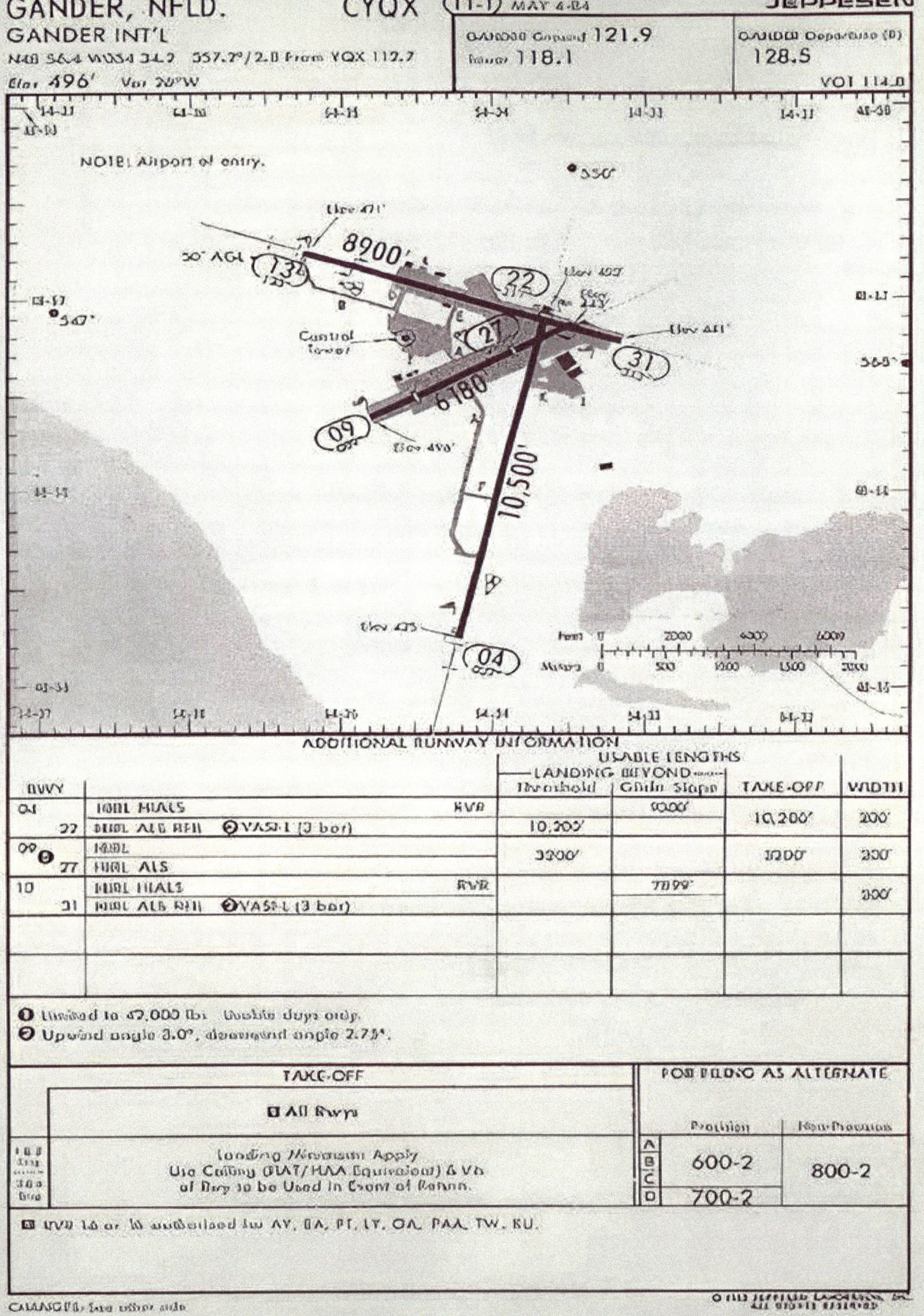

GANDER Ground 121.9
Tower 118.1

GANDER Departure (R)
128.5

VOT 114.0

NOTE: Airport of entry.

ADDITIONAL RUNWAY INFORMATION

RWY				USABLE LENGTHS LANDING BEYOND		TAKE-OFF	WIDTH
				Threshold	Glide Slope		
04	MIRL HIALS		RVR		9000'	10,200'	200'
22	MIRL ALS REIL ⊘VASI-I (3 bar)			10,200'			
09 ⊘	MIRL			3200'		3200'	200'
27	MIRL ALS						
10	MIRL HIALS		RVR		7000'		200'
31	MIRL ALS REIL ⊘VASI-I (3 bar)						

❶ Limited to 47,000 lbs. Usable days only.
❷ Upwind angle 3.0°, downwind angle 2.75°.

TAKE-OFF	POSSIBLE AS ALTERNATE		
❷ All Rwys		Precision	Non-Precision
Landing Minimums Apply. Use Ceiling (MAT/HAA Equivalent) & Vis of Rwy to be Used in Event of Return.	A B C	600-2	800-2
	D	700-2	

❷ RVR 16 or ½ authorized for AY, BA, PI, LY, OA, PAA, TW, KU.

هبطت في مطار غاندر بكندا وقد غشي الليل الأفق. وكان الهبوط يحمل مفاجأته الخاصة؛ سادت البرودة القارسة، وبعد أن خفضت عجلات الهبوط وأشعلت الأضواء الخارجية، لاحظت أن الهواء كان مشبعًا بجزيئات غريبة تتراقص حولي بفعل الرياح، ولم أتمكن من تفسير هذه الظاهرة.

طلب مني برج المراقبة تقليل السرعة، إذ كانت طائرة أخرى أسرع من طائرتي قادمة من الاتجاه المعاكس ولها الأولوية في المرور. ورغم ما شعرت به من إحباط بسبب الخسائر المتجددة للوقت، لم يكن لي خيار سوى الامتثال لتوجيهات برج المراقبة.

لكن، بفضل الله، هبطت سالمًا، بعد معركة مريرة مع المقود الذي كان يهتز يمنة ويسرة. كانت سرعة الرياح تتراوح بين 25 و30 ميلًا في الساعة، وعندما خفضت السرعة، لاحظت أن الرياح كانت تفرق الثلوج على المدرج. كانت بلورات الثلج الرقيقة تتناثر، وكأنها تشير إلى اتجاه الرياح، فتبيّن لي حينها أن هذه الجزيئات التي كانت تحلق حولي كانت مجرد بلورات ثلجية، رغم أن السماء كانت صافية تمامًا وخالية من السحب.

حينما وصلت إلى مخرج المدرج، سجلت اسم برج المراقبة والوقت الذي هبطت فيه بدقة. ثم طلبت توجيهي إلى المكان المخصص لإيقاف الطائرة. ولكن الطقس كان شديد القسوة، والثلوج كانت كثيفة لدرجة أنني لم أتمكن من رؤية شيء. اضطررت إلى تدوير الطائرة مرتين قبل أن أتمكن من العثور على مكان مناسب لركنها.

تباينت مشاعري بين الغضب على التأخير الذي لا يغتفر، وبين شعور عميق بالارتياح والامتنان لله، إذ أنني في النهاية وصلت إلى كندا بسلام.

CANADA

الهبوط في مطار غاندر

CANADA

ومررت بعدها بفريدريكتاون، ووشارلوتتاون، وأخيرًا إلى غاندر.

لاحظت أن البحر بين شارلوتتاون وغاندر قد تجمد. كان التحول الغريب والمذهل للمياه الزرقاء إلى كتل بيضاء من الثلج يبعث في نفسي الدهشة والجمال. كان التناغم بين اللونين بديعًا للغاية، وكانت المناظر تعكس القدرة المطلقة لخالق عظيم لكون مبدع ساحر.

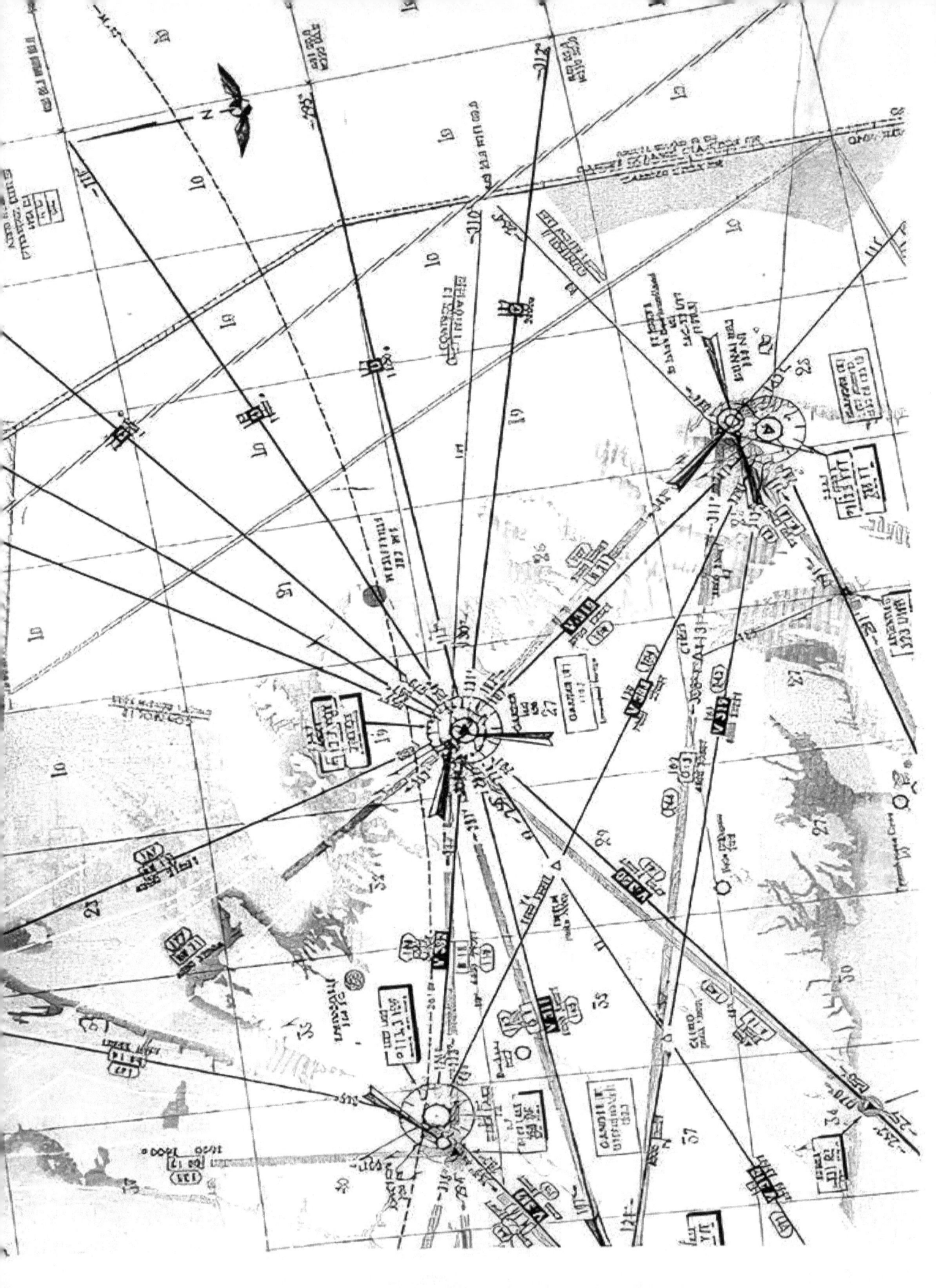

كان المقود يهتز في يدي، وكأن الزمان نفسه قد قرر أن يسير ببطء، كانت الثواني تمر وكأنها دهر، وكل لحظة تشعر وكأنها أبدٌ من الزمان. قررت الإقلاع بسرعة 100 ميل في الساعة، بسبب الحمولة الثقيلة على متن الطائرة. ورغم ذلك، استمر اهتزاز الطائرة في مقاومتي، فتمسكت بالمقود بكل ما أوتيت من عزيمة. ومع ذلك، لم يتوقف اهتزاز الطائرة، ولكنني مضيت، مدفوعًا بعزيمة لا أقبل التراجع عنها.

ومع صعود الطائرة، بدأ الأداء يتحسن شيئًا فشيئًا، لكن الشعور الغريب بأن شيئًا ما غريبًا يحدث ظل يرافقني، وكان اهتزاز المقود يبعث فيّ حالة من الترقب. كانت السماء تعانق الأرض في صمت رهيب، بينما كنت أرتقي بينهما، تاركًا خلفي العالم الذي ظل يتضاءل كلما ابتعدت عنه. كنت أرتدي ثيابًا ثقيلة، ومع ذلك، لم أستطع منع البرد من الزحف إلى أطرافي كلما ارتفعت الطائرة في السماء، لكنني لم أستسلم قط.

تلقيت إذنًا من برج المراقبة في دايتونا بيتش بالانتقال إلى مركز جاكسونفيل، وسمحوا لي بارتفاع 7,000 قدم، حيث بدأت الرحلة تتخذ مسارها الصحيح أخيرًا، وكأنما كل شيء حولي قد تناغم في لحظة واحدة.

كنت في قمرة القيادة وحيدًا، بينما الطائرة تنساب فوق أراضٍ مترامية، وكلما ابتعدت عن الأرض، زادت المناظر روعة. كانت تلك اللحظات، بين السماء والأرض، تنقلني إلى عالم آخر، حيث خفتت كل همومي وأحزاني. شعرت بعظمة الخالق، وتفرد قدرته في هذا الكون اللامتناهي، فكل شيء حولي كان ينطق بحكمته. كم هو جميل ومبهر هذا العالم؛ وكم هو ضروري أن نسعى لاكتشاف أسرار جماله بدلًا من أن ننغمس في صراعات تهدد الإنسانية الذي أودع فيه الله كل جماله. يجب علينا أن نعيش معًا في تناغم، لنحافظ على هذا الجمال ونبني عالمًا أفضل.

مررت الطائرة فوق مدن كبيرة، مثل نورفولك ونيويورك وبوسطن، وكان كل منها تبدو هادئة، خالية من الهموم والمشاكل، وكأنما كل شيء تحت السماء كان يسير وفق إيقاع يبعث على الطمأنينة.

وبعد نيويورك، تغيرت ألوان الأرض أسفل الطائرة، فقد غطّت الثلوج تلك المناطق، وعانقت الأرض بطبقة بيضاء ناصعة. فوق مدينة بانغور، بدأت الأرض البيضاء تتخللها بقع بنيّة، وهي الأشجار التي تجمدت وماتت بفعل الشتاء القاسي.

وبينما مررت بمنطقة برينستون، طلب مني مركز المراقبة الاتصال بمركز المراقبة في مونكتون، الذي يقع على الحدود بين الولايات المتحدة وكندا، لتكملة الرحلة في سماء مليئة بالإبداع والهدوء والبرودة.

كان الطقس في تلك اللحظة أفضل بكثير من أي وقت مضى، فأسرعت في الترتيب لتقديم خطة رحلتي، عازمًا على الانطلاق في تمام الساعة الخامسة صباحًا.

سألني مسؤول محطة المراقبة عن وجهتي بين دايتونا بيتش وغاندر. فأجبت بأن رحلتي ستكون مباشرة إلى غاندر، كما هو موضح في خطة الرحلة. في البداية، بدا أن الفكرة كانت غير ممكنة لطائرة خفيفة مثل طائرتي، لكن بعد أن أوضحت له أنني أستقل طائرة مجهزة بخزانات وقود إضافية، اطمأن وتمنى لي رحلة موفقة سالمة، وطلب مني التواصل معه إن احتجت إلى أية مساعدة.

واصلت مراجعة خطتي بدقة، وكنت منهمكًا في فحص جميع الأنظمة والتأكد من أن كل شيء على ما يرام. كانت هذه التفاصيل تأخذ وقتًا طويلًا، ولكنني كنت عازمًا على إتمامها كما يجب. عندما انتهيت من كل هذا، توجهت لأودع السيد ميرلر. في تلك اللحظة، رأيت في عينيه نظرة لم أكن لأفهمها، لكن مع مرور الأيام، أدركت أنها كانت نظرة وداع أخير، كما لو أنه كان يودعني إلى الأبد. لم يكن يعتقد أنني سأتمكن من إتمام الرحلة، وكان واثقًا أنني سأسقط في مكان ما في المحيط الأطلسي.

داخل قمرة القيادة، حصلت على إذن من برج المراقبة للمسار الذي سجلته في خطتي. تم السماح لي بالتحليق على ارتفاع 3000 قدم، ثم حصلت على الإذن لتشغيل المحركات. تمنى لي برج المراقبة رحلة سعيدة موفقة.

بدأت المحركات تدور، ومع تدفئتها، استقرت مقدمة الطائرة في وضعها الطبيعي. ثم حصلت على إذن من البرج لاستخدام المدرج 26 اليمين. وقبل أن أبدأ في السير نحو المدرج، أجريت فحصًا نهائيًا ودقيقًا لجميع الأدوات والمقاييس، وتم تأكيد الإذن بالإقلاع. قرأت آية الكرسي وسورة الفلق وسورة الناس ثلاث مرات، ثم توجهت صوب المدرج. كانت الطائرة تهتز بشدة، بطريقة لم أعهدها من قبل، كما لو أن الأرض نفسها كانت تود أن تمنعني من الانطلاق.

BOSTON

أنهيت كل الاستعدادات الضرورية، من ترتيب ملابسي وتحضير قطع الغيار الأساسية والإطارات الاحتياطية والأوكسجين إلى التأكد من أن كل الأنظمة تعمل بكفاءة. ومع ذلك، لم يكن هذا سوى بداية الرحلة.

في تلك الليلة ذاتها، كان عليّ أن أملأ خزانات الوقود، وهو أمر لم يكن يسيرًا، خاصة مع الخزانات الإضافية التي كانت موجودة في قمرة القيادة. وبعد جهد مرهق، انتهيت من مهمتي، وبينما كنت على وشك مغادرة قمرة القيادة، سمعت صوت غريب ينبعث من مقدمة الطائرة.

توجهت نحو الطائرة لأكتشف ما حدث. وعندها، رأيت أن الثقل الكبير قد جعل ذيل الطائرة يلامس الأرض، بينما ارتفعت مقدمتها بشكل ملحوظ، حتى تجاوزت العجلة الأمامية أقصى نقطة ممكنة. ورغم هذا، كنت قد اتخذت قراري بالمضي قدمًا في الرحلة، فمضيت متوكلًا على الله في ما هو قادم. عدت إلى منزلي لأخذ قسط من الراحة، لكن نومي لم يكن سالمًا، فقد قاطعتني مكالمتان هاتفيتان من عائلتي وأصدقائي، يسألونني عن سير الرحلة.

استفاقت عيناي في الساعة الثالثة صباحًا، قمت بالاستحمام سريعًا وتوضأت، ثم صليت الفجر، إذ كان من المستحيل أداء الصلاة في قمرة القيادة. بعدها توجهت إلى المطار، حيث كان قلبي ينبض بتلك المشاعر الممزوجة بالتوتر والأمل، لأبدأ رحلتي التي تأخرت أكثر من المتوقع.

كان في انتظاري السيد رون ميرلر، رئيس قسم العلاقات العامة في الجامعة. وبينما كنت أواصل فحص الطائرة، حاول إقناعي بالتواصل مع وسائل الإعلام، لكنني رفضت بشكل قاطع، فكنت أبحث عن كل فرصة للتقليل من العوائق التي قد تؤخر انطلاقي.

أجريت اتصالًا مع مكتب الأرصاد الجوية في مطار غاندر بكندا، حيث أبلغوني أن الطقس كان ملائمًا، لكنهم حذروني من الرياح القوية التي قد تعترض مساري في الوقت المتوقع لوصولي. ثم تواصلت مع مكتب الأرصاد الجوية في إدارة الطيران الفيدرالية، وكنت قد تواصلت معه طوال الأسبوع.

الوداع

في لحظة كهذه، تلاشى أمامي كل أمل لي في إتمام رحلتي؛ بل بدا لي أن تلك الرحلة قد انتهت قبل أن تبدأ حتى. كانت رحلتي حول العالم، التي خططت لها بعناية وبدقة، تختفي كالدخان من حولي. أصبح مخططها كريشة هشة تتقاذفها رياح الأقدار.

كنت قد حددت العاشر من ديسمبر موعدًا لانطلاق رحلتي؛ كما أخبرتكم مسبقًا. وكان من المفترض أن أهبط في مطار غاندر في كندا في اليوم التالي، وأبقى هناك حتى الثاني عشر من ديسمبر، حيث كان من المقرر أن أغادر المطار في تمام الساعة السادسة مساءً. وكان الكابتن حسام يعتزم الاتصال بي من طائرته التابعة للخطوط الجوية الكويتية، التي كانت في طريقها من نيويورك إلى لندن، حيث من المتوقع أن تمر بالقرب من مسار طائرتي. وكان يود الاطمئنان على سلامتي، إذ كنت على وشك عبور المحيط الأطلسي في ليلة حالكة.

لكن الأقدار شاءت أن أؤجل انطلاقي للعاشر من ديسمبر. فقد حال تدبير الله دون تنفيذ مخططي. بدأت أتنقل من مدينة أمريكية إلى أخرى، أبحث عن قطع الغيار اللازمة لإصلاح الطائرة. كانت الأيام تمضي سريعًا، فيما كانت الشركة المسؤولة عن الصيانة عاجزة عن اكتشاف العطل، رغم محاولاتها المتكررة لفحص الطائرة.

ومع مرور الأيام، وبعد أن أضعنا الكثير من الوقت بسبب تقاعس الشركة، نفد صبري. في الثامن عشر من ديسمبر، قررت نقل الطائرة إلى مطار في مدينة ليزبيرج، بعيدًا عن دايتونا، لإجراء الصيانة اللازمة. وعندما عدت في اليوم التالي، اكتشفت أن الطائرة أصبحت في حالة ممتازة، فقررت نقلها مرة أخرى إلى مطار دايتونا بيتش، حيث قضيت الليل كله في تجهيزها استعدادًا لرحلتنا.

وداعًا حتى نلتقي مجددًا

DAYTONA BEACH
GANDER
Distance
1788 n.m.
Time
11:28
TOBA
Fort George
Fort Albany
Moosonee
QUEBEC
Quebec
Montreal
Ottawa
Toronto
Hamilton
Buffalo
Detroit
Chicago
Milwaukee
Toledo
Cleveland
Pittsburgh
Indianapolis
Saint Paul
Kansas City
St. Louis
Memphis
Birmingham
Atlanta
Dallas
Houston
Galveston
New Orleans
Boston
New Haven
New York
Philadelphia
Baltimore
Richmond
Norfolk
Wilmington
Charleston
Savannah
Jacksonville
Tampa
St. Petersburg
Miami
Gulf of
Mexico
NOVA SCOTIA
Halifax
Cape Sable
Sydney
Blanc Sablon
Goose Bay
St. John's
A T
THE BAHAMAS
Habana
CUBA
HAITI
DOMINICAN
REPUBLIC
JAMAICA
Kingston
BELIZE
Belize City
HONDURAS
NICARAGUA
COSTA RICA
PANAMA
Caribbean Sea
ANTIGUA & BARBUDA
DOMINICA
SAINT LUCIA
SAINT VINCENT
BARBADOS
GRENADA
TRINIDAD &
TOBAGO
Barranquilla
Cartagena
Caracas
VENEZUELA
Medellin
Bogota
Cali
COLOMBIA
SURINAME
FRENCH
GUIANA

لم تكن أضواء أجهزة القياس في الطائرة تعمل. حينها انتابني الإحباط وغادرتُ الطائرة، غارقًا في التفكير في هذه العقبة الأخيرة، لكنني بذلتُ قصارى جهدي لإخفاء مشاعري. عدتُ سريعًا وطلبتُ من فريق الصيانة تحديد العطل وإصلاحه، ودُهشتُ عندما طلب مني المشرف نقل الطائرة إلى حظيرة الصيانة. تم نقلها إلى الحظيرة، وتمنيتُ أن يتم حل المشكلة بسرعة، لكن إرادة الله تدخلت مجددًا لتؤخرني للمساءَ التالي.

استغرقت الإصلاحات وقتًا طويلًا، وبدأتُ أفقد الأمل عندما علمتُ أن رحلتي لن تبدأ ذلك اليوم. غادرتُ المطار قاصدًا المنزل وأنا أشعر بحرج شديد، لأن أصدقائي وزملائي قد ودعوني بالفعل، وكذلك ممثلو وسائل الإعلام، لكن الأمر كان خارجًا عن إرادتي.

أخذتُ إلى المنزل بعض الطعام الذي أعدّته زوجة صديقي الكابتن حسام الشملان لي في رحلتي. وفي غمرة يأسي؛ شعرتُ بأن حلمي قد تحطم تمامًا على صخرة الواقع. لكن سرعان ما استعدت هدوئي عندما تذكرتُ قول الله تعالى: "وَعَسَىٰ أَن تَكْرَهُوا شَيْئًا وَهُوَ خَيْرٌ لَّكُمْ ۖ وَعَسَىٰ أَن تُحِبُّوا شَيْئًا وَهُوَ شَرٌّ لَّكُمْ ۗ وَاللَّهُ يَعْلَمُ وَأَنتُمْ لَا تَعْلَمُونَ". علمتُ لاحقًا أن طائرة من طراز دي سي 8 تابعة لشركة آرو إير قد تحطمت في مطار غاندر الذي كنتُ أنوي السفر إليه، وأنه تم إغلاق المطار لفترة غير محددة.

ظهرت مشكلة جديدة في اليوم التالي. اتضح أن عامل الصيانة الذي أصلح مؤشر الوقود كان مسؤولًا عن العطل في أضواء أجهزة القياس. لحظتها بدأتُ أفقد الثقة في جميع عمال الصيانة! قررتُ إجراء تجربة للتأكد من كفاءة عمل كل الأدوات مرة أخرى، لأكتشف أن عامل الصيانة نفسه أخطأ في إعادة توصيل الأسلاك مما أثّر على نظام الطيار الآلي.

شعرتُ بمزيج من الإحباط والاشمئزاز، وبأن حلمي قد تحول إلى سراب مجددًا، وأنه ليس بمقدوري فعل شيء لتغيير الوضع.

12' 5.4"
6'4" DIAMETER
7° DIHEDRAL
CENTER LINE MAIN
STATIC GROUND LINE

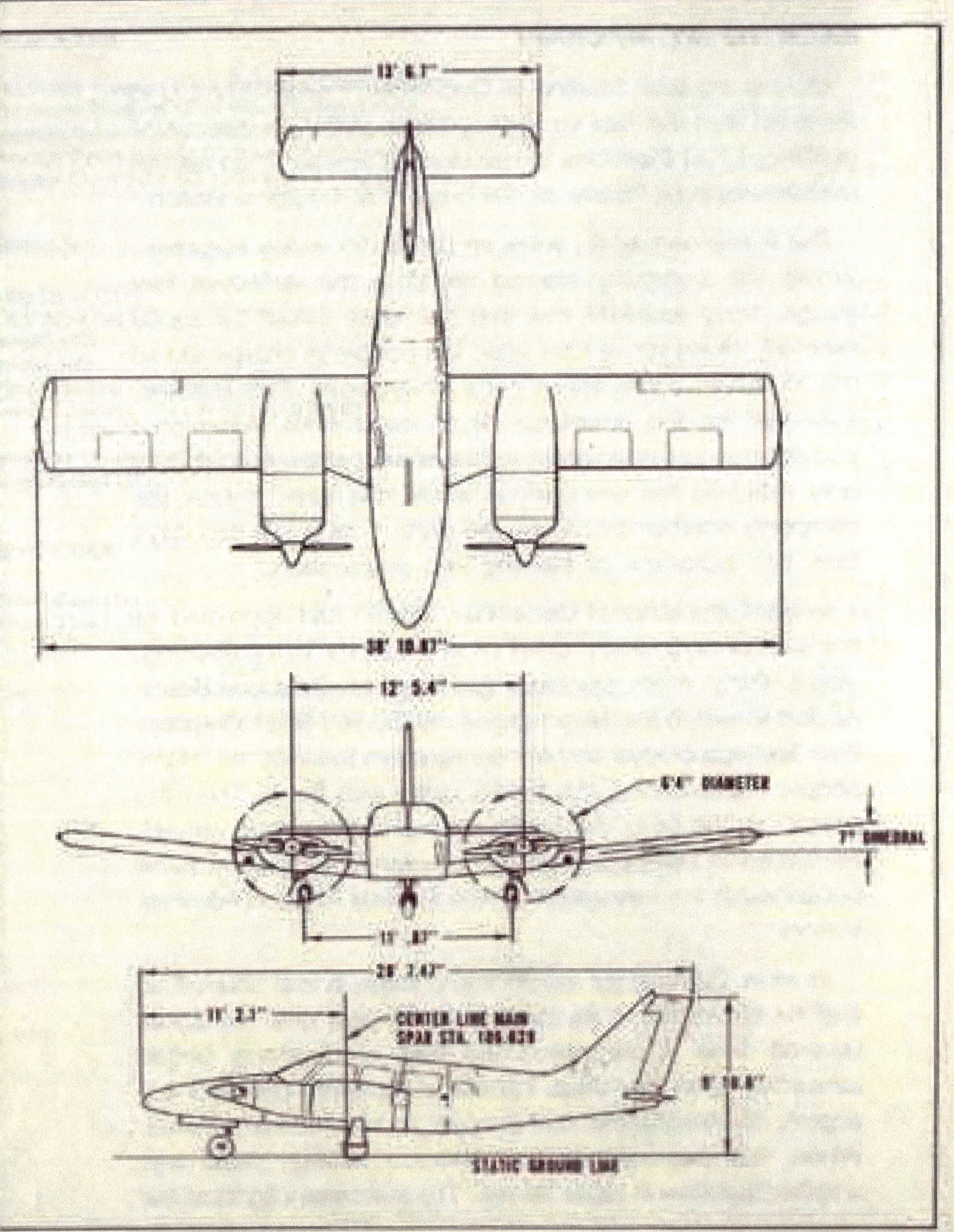

فحص طائرتي

خلال تدريبي الأخير في ديسمبر، فوجئتُ بوجود خللٍ في مؤشر خزان الوقود، حيث كان يُظهر قراءات غير دقيقة. اضطرني ذلك إلى نقل الطائرة إلى شركة صيانة في مطار دايتونا بيتش.

لكن المفاجآت لم تتوقف هنا؛ فبعد أن بدأت الشركة في إصلاح مؤشر الوقود المعطّل، أكدوا لي أن المشكلة بسيطة ويمكن إصلاحها بسهولة. غير أنه بعد فترة وجيزة، طلب مني المسؤولون في الشركة توفير بعض قطع الغيار التي وصفوها "بالضرورية" لصيانة الطائرة. وعلى الرغم من أنني طلبتُ قطع الغيار المطلوبة على الفور؛ لم تصل إلى الشركة إلا بعد يوم كامل، واستغرق تركيب هذه القطع يومًا آخر، وهكذا ضيعتُ يومين من برنامج التدريب والإعداد.

سرعان ما وصلنا إلى العاشر من ديسمبر، وهو اليوم الذي حددته لانطلاق رحلتي. تجمَّع حوالي ثلاثين طالبًا عربيًا مساءً في مطار دايتونا بيتش لمشاهدة انطلاق رحلتي والتعبير عن مشاعر الحب والتشجيع لي، وحضر معهم العديد من ممثلي وسائل الإعلام، ثم وصل المسؤول عن مراقبة الحركة الجوية في المطار، وطلب التقاط صورة جماعية للجميع لنشرها في صحيفة إدارة الطيران الفيدرالية.

طلب مني مراسل تلفزيوني القيام بإقلاع تجريبي ليتمكن من تصويره، إذ لم يكن بمقدوره الانتظار حتى موعد الإقلاع الفعلي. نفذتُ الإقلاع التجريبي مع بداية حلول الظلام في المنطقة، وقمتُ بدورة كاملة حول المطار ليتمكن المصور من التقاط بعض الصور، وعندما انتهى من التصوير، وجدت مفاجأة أخرى تنتظرني.

GAGE AREA

Maximum Baggage (lbs) Forward Compartment	100
Maximum Baggage (lbs) Rear Compartment	100
Baggage Space (cubic ft) Forward Compartment	15.3
Baggage Space (cubic ft) Rear Compartment	20
Baggage Door Size (in.) Forward Compartment	24 x 21

ENSIONS

Wing Span (ft)	38.9
Wing Area (sq ft)	208.7
Length (ft)	28.5
Height (ft)	9.9
Wing Loading (lbs per sq ft)	22
Power Loading (lbs per hp) (sea level)	11.4
(12,000 ft)	10.6
Propeller Diameter (in.)	76
Turn Radius (ft)	33.2

DING GEAR

Wheel Base (ft)		7.0
Wheel Tread (ft)		11.1
Tire Pressure (psi)	Nose	31
	Main	50
Tire	Nose (six-ply rating)	6.00 x 6
	Main (eight-ply rating)	6.00 x 6

أجريتُ إثر ذلك اتصالًا هاتفيًا بالرئيس التنفيذي لشركة طيران الخليج، استكمالًا لمراسلاتنا السابقة التي امتدت على مدى الأشهر الست الماضية. أبدى الرئيس التنفيذي رغبة شركته في المساهمة في تكاليف الرحلة، على أن أقوم في المقابل بطلاء طائرتي بألوان شركة طيران الخليج ووضع شعارها.

تمثل هذه الألوان أعلام الدول الأربع المالكة للشركة: قطر، والإمارات العربية المتحدة، والبحرين، وعُمان.

وجدتُ هذا الشرط مقبولًا، خاصة وأن طائرتي كانت في الواقع بحاجة إلى طلاء جديد، نظرًا لسوء حالة طلائها القديم. وهكذا اضطررتُ إلى الطيران بها إلى شركة في مطار فاندنبرغ بالقرب من مدينة تامبا في فلوريدا.

لكن ما أثار استغرابي بعد ذلك أن الرئيس التنفيذي لطيران الخليج أخبرني أنه يجب عليه العودة إلى مكتبه في البحرين لدراسة المشروع، ووعدني بالتواصل معي قريبًا. رغم ذلك، مع مرور الوقت وعدم تلقي الموافقة من شركة طيران الخليج؛ فقد اتفقتُ مع الشركة في فاندنبرغ على طلاء الطائرة بالألوان التي اخترتها بنفسي.

انتهت عملية الطلاء بعد ثلاثة أسابيع، ونقلتُ طائرتي إلى شركة في مطار ليكلاند لتركيب خزانات وقود إضافية. كنتُ أخطط أيضًا لتجهيز الطائرة بأجهزة ملاحة تعمل بالأقمار الصناعية.

تم تركيب ثلاثة خزانات وقود إضافية داخل المقصورة، اثنان بسعة 99 جالونًا لكل منهما، وواحد بسعة 45 جالونًا.

يجدر بنا الإشارة إلى حقيقة مهمة، وهي أن المفاوضات حول هذه الأمور المختلفة الدقيقة حدثت خلال فترة امتحانات الجامعة لدوراتي الدراسية السبع، وأحمد الله كثيرًا أن بعض أساتذتي ساعدوني بعقد الامتحانات قبل ثلاثة أيام من موعدها المقرر لتمكيني من الانطلاق في رحلتي بالموعد المحدد.

PERFORMANCE (cont)

Stalling Speed, gear and flaps down, power off (mph)	69
Stalling Speed, gear down and flaps up, power off (mph)	76
Fuel Consumption, 75% power, both engines (gph)	23.6
Fuel Consumption, 65% power, both engines (gph)	20.5
Landing Roll (flaps down) (ft)	1380*
Landing Over 50-ft Barrier (flaps down) (short field effort) (ft)	2090*

*4342 lb G.W., Maximum Landing Weight

WEIGHTS

Gross Weight (lbs) Max. Takeoff	4570
Max. Landing	4342
Max Zero Fuel Weight (lbs)	4000
Standard Empty Weight (lbs)	2788
Maximum Useful Load (lbs) (All weight in excess of 4000 lbs must consist of fuel.)	1782

POWER PLANT

Right Engine (Continental)	LTSIO-360-E
Left Engine (Continental)	TSIO-360-E
Rated Horsepower (sea level)	200
(12,000 ft)	215
Rated Speed (rpm)	2575
Max Manifold Pressure (in. Hg.)	40
Bore (in.)	4.438
Stroke (in.)	3.875
Displacement (cubic in.)	360
Compression Ratio	7.5:1

FUEL AND OIL

Fuel Capacity (U.S. gal)	
Standard	98
Optional	128
Unusable fuel (U.S. gal)	5
Fuel, Aviation Grade (minimum octane)	100/130
Oil Capacity (qts) (each engine)	8

للأحوال الجوية في مناطق عديدة حول العالم على مدار العام، ومن شأنها أن تكون قيّمةً للغاية لرحلتي.

عرض حسام الشملان مساعدته عندما أخبرتُه بأنني لم أتلقَّ ردًا من صديقي بعد. اتصل على الفور بالخطوط الجوية الكويتية ليُزوّدني بالمعلومات التي كنتُ أحتاجها، وشكرتُه على لطفه وواصلنا حديثنا حول رحلتي المُنتظرة.

واجهتُ عقبة حقيقية بعد ثلاثة أيام، حيث اتصل بي الكابتن حسام وبشرني بوصول المعلومات التي طلبتها، وبعدها توجهتُ إلى منزله على الفور. بدأتُ أطلع على الأوراق بقلقٍ متزايد، بينما كنتُ أدرس الأحوال الجوية في مناطق مختلفة من العالم لشهر يونيو، وهو الشهر الذي كنتُ أنوي القيام برحلتي فيه.

وبعد دراسة الوضع؛ وجدتُ أن الأمطار والرياح الموسميتين كثيرتا الحدوث في يونيو ضمن أجزاء كثيرة من جنوب شرق آسيا. لحظتها أدركتُ مرتعبًا أن الخطة التي وضعتها قد انهارت. مع ذلك، شعرتُ بأن عليّ إعادة النظر فيها، لأن يونيو كان الشهر الأنسب لي، لأنه يأتي في العطلة الصيفية لجامعتي في الولايات المتحدة.

يومها عدتُ للمنزل حزينًا.

لكن بعد فترة؛ أدركتُ أنَّ من الضروري تعديل خطتي بحيث تبدأ في ديسمبر 1985، وهو شهر يوافق عطلة جامعية أيضًا. ثم اكتشفتُ أن ديسمبر أبرد شهور الشتاء في أمريكا الشمالية وفوق المحيط الأطلسي وفي أوروبا. لكنني رأيت، بعد دراسة جميع البيانات والمعلومات المعنية بالأمر؛ أنه ليس لديَّ خيار آخر لإتمام رحلتي.

واكتشفت، عندما بدأتُ في إعداد خطة جديدة لرحلتي، أنني بحاجة إلى قدر كبير من المعلومات الإضافية.

GENERAL SPECIFICATIONS

ERFORMANCE

Published figures are for standard airplanes flown at gross weight* under standard nditions at sea level, unless otherwise stated. Performance for a specific airplane may vary om published figures depending upon the equipment installed, the condition of engine, rplane and equipment, atmospheric conditions and piloting technique. Each performance gure below is subject to the same conditions as on the corresponding performance chart from hich it is taken in the Performance Charts Section.

Gross Weight (pounds)	4570
Takeoff Run, flaps up, sea level (ft)	1100
Takeoff Distance Over 50-ft Obstacle, flaps up, sea level	1460
Takeoff Run (ft) (short field effort, flaps 25°)	900
Takeoff Distance Over 50-ft Barrier (ft) (short field effort, flaps 25°)	1240
Minimum Controllable Single Engine Speed (mph)	80
Rate of Climb, sea level (ft per min)	1340
Rate of Climb, sea level, single engine (ft per min)	225
Best Rate of Climb Speed (mph)	105
Best Rate of Climb Speed, sea level, single engine (mph)	105
Best Angle of Climb Speed, sea level (mph)	90
Best Angle of Climb Speed, sea level, single engine (mph)	93
Max Speed, sea level (mph)	197
Max Speed, 12,000 ft, (mph)	225
Max Speed Optimum Alt, 20,000 ft, 75% power (TAS) (mph)	218
Service Ceiling (ft)	25,000**
Service Ceiling, engine out (ft)	13,400
Absolute Ceiling (ft)	25,000**
Absolute Ceiling, engine out (ft)	14,800
Cruise Speed at best power mixture (mph)	
65% power, 24,000 ft	208
55% power, 25,000 ft	189

	STANDARD FUEL CAPACITY	OPTIONAL FUEL CAPACITY
Range at best power mixture (mi)		
75% power, 16,000 ft		
With 45 min. reserve	626	900
No reserve	742	1020
55% power, 16,000 ft		
With 45 min. reserve	701	1010
No reserve	830	1140

*4570 lbs Maximum Takeoff Weight, 4342 lbs Maximum Landing Weight
**Maximum Operating Altitude

الخطط المبدئية وإرادة الله

عندما ينغمس المرء في التفكير والتخطيط لإنجاز مهمة ما على أكمل وجه، فإنه يسعى إلى وضع تصور دقيق لكل التفاصيل واستباق جميع الظروف والمشكلات المحتملة. لكنه بينما يفعل ذلك؛ فقد يجد أن الأحداث تتجاوز خططه، وأن إرادة الله قد رسمت مسارًا مختلفًا له.

هذا بالضبط ما حدث معي. شرعتُ أضعُ خططي للقيام برحلتي حول العالم في العاشر من أغسطس، وبدأتُ مفاوضات مع شركة أمريكية في دايتونا بيتش، فلوريدا، لشراء طائرة من طراز بايبر سينيكا ذات محركات مروحيه، موديل 1977، وقد كانت في حالة جيدة نسبيًا ومناسبة للقيام بالرحلة التي أبتغي القيام بها.

تمكن محاميّ من التوصل إلى اتفاق مع الشركة، لكن الأمر ظل سرًا حتى العشرين من سبتمبر، وفي هذا التاريخ تم تسجيل الطائرة رسميًا باسمي وقبلت إدارة الطيران الفيدرالية الأمريكية اعتماد وثائق التسجيل.

وضعتُ خطتي للرحلة بينما كنتُ أواصل التدرب على قيادة الطائرة. درستُ الخطة بعناية وواصلتُ تحديد التعديلات التي قد تحتاجها الطائرة حتى يونيو 1986. كنتُ أرغب في تحديد العقبات المحتملة واستباق أية مشكلات قد تطرأ.

لكن مشيئة الله غايَرت ما خططتُ له.

فذات يوم؛ دعاني صديقي الكابتن حسام الشملان، الذي يعمل في الخطوط الجوية الكويتية، لتناول العشاء معه، فحدثته عن رغبتي في القيام برحلة حول العالم بطائرة خفيفة ذات محركات مروحيه، وشرحت له كيف درست الأمر بعناية وجدية. فبدأنا نناقش الأحوال الجوية، وأشرتُ إلى أنني قد تواصلتُ مع طيار صديق لي، يعمل في شركة طيران الخليج.

N1442H

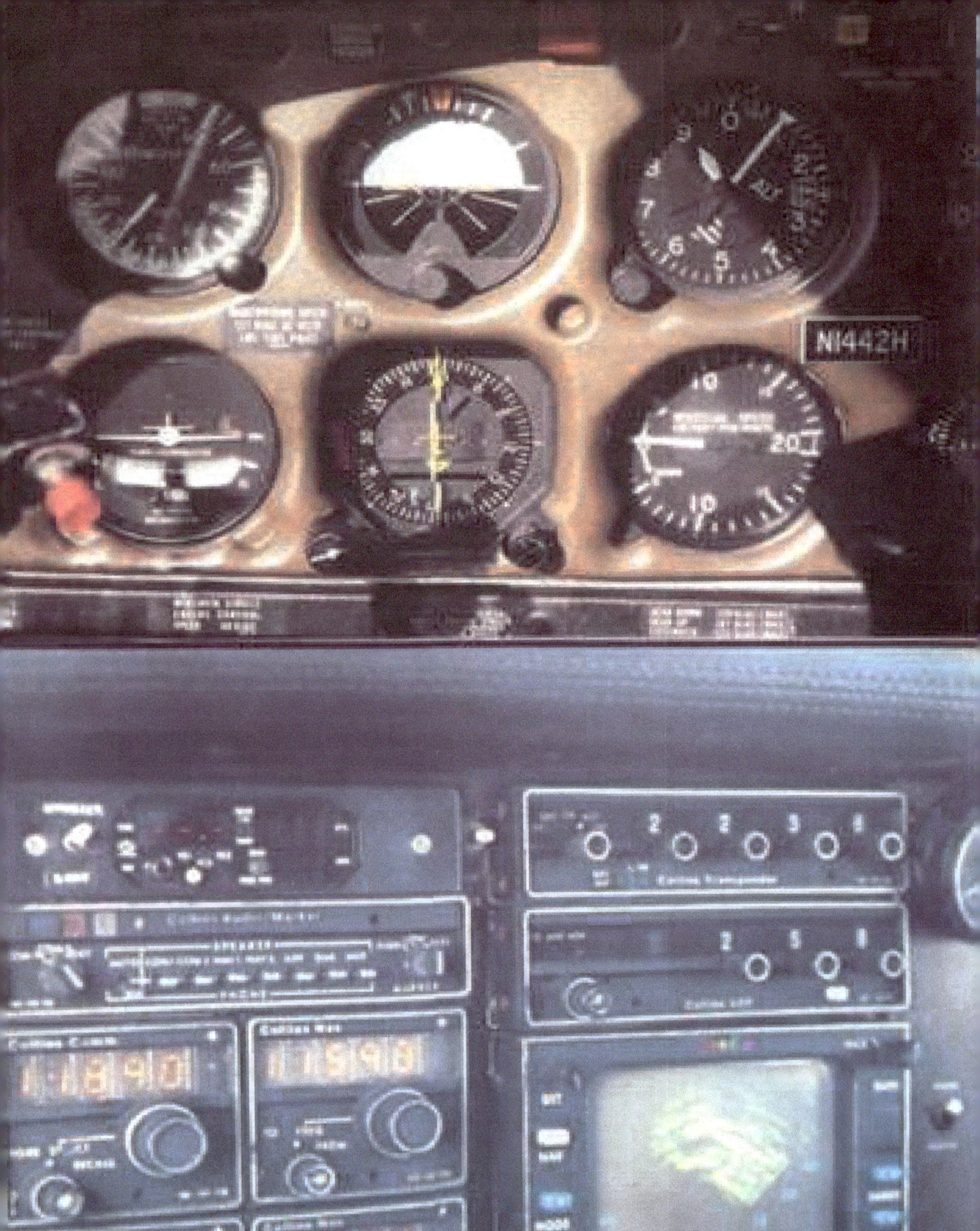

التخطيط للرحلة

شكر وتقدير

إلى والدي الحبيب، الذي لم يقتصر دعمه لي على الجانب المادي فحسب، فبفضله انطلقتُ في رحلتي هذه، ولولاه ما كانت لتتحقق. لطالما غمرني أبي بحبه في كل مراحل رحلتي، وما زادني تشجيعًا تلك القصائد التي نظمها احتفاءً بي.

والحق يُقال، فقد نظم شعراء آخرون العديد من القصائد حول مسعاي هذا، وأود أن أتقدم لهم جميعًا بجزيل الشكر، وأن أعرب عن حبي وتقديري لمشاعرهم النبيلة وأشاركهم الاحتفال بنجاح رحلتي.

سأكون أكثر فخرًا بشباب العالم العربيّ كلّما سعوا إلى إثباتِ ذواتِهم والتأكيدِ على أنّهم لا يقلّون قُدرةً عن شبابِ أوروبا أو الولاياتِ المتحدة، في النجاح بأرقى المجالات وأصعبها.

أحمدُ اللهَ الذي منّ عليّ بالتوفيقِ وأعانني على تخطي الصعاب كافةً. فقد أحاطتني عنايتُه من كل جانب، واستشعرتها في كلّ مرحلةٍ ولحظةٍ من رحلتي، حتّى عندما كنتُ أواجه الصعوبات والمخاطر الحقيقية. فعندما كنتُ أواجهُ خطر الموتَ، وجدت الدعمُ الحق والحل المنقذ يأتياني من حيثُ لا أحتسب. فمقابلة أشخاصٍ مُعينين، أو المآلُ الحسن للأحداث، أو الإلهامُ الذي وهبني إياه اللهُ، كانت أسبابًا للنجاة من هذه المحن. فالحمدُ للهِ الذي بيده مقاليد الأمور كلها، خيرُ حافظٍ وعون لنا.

***

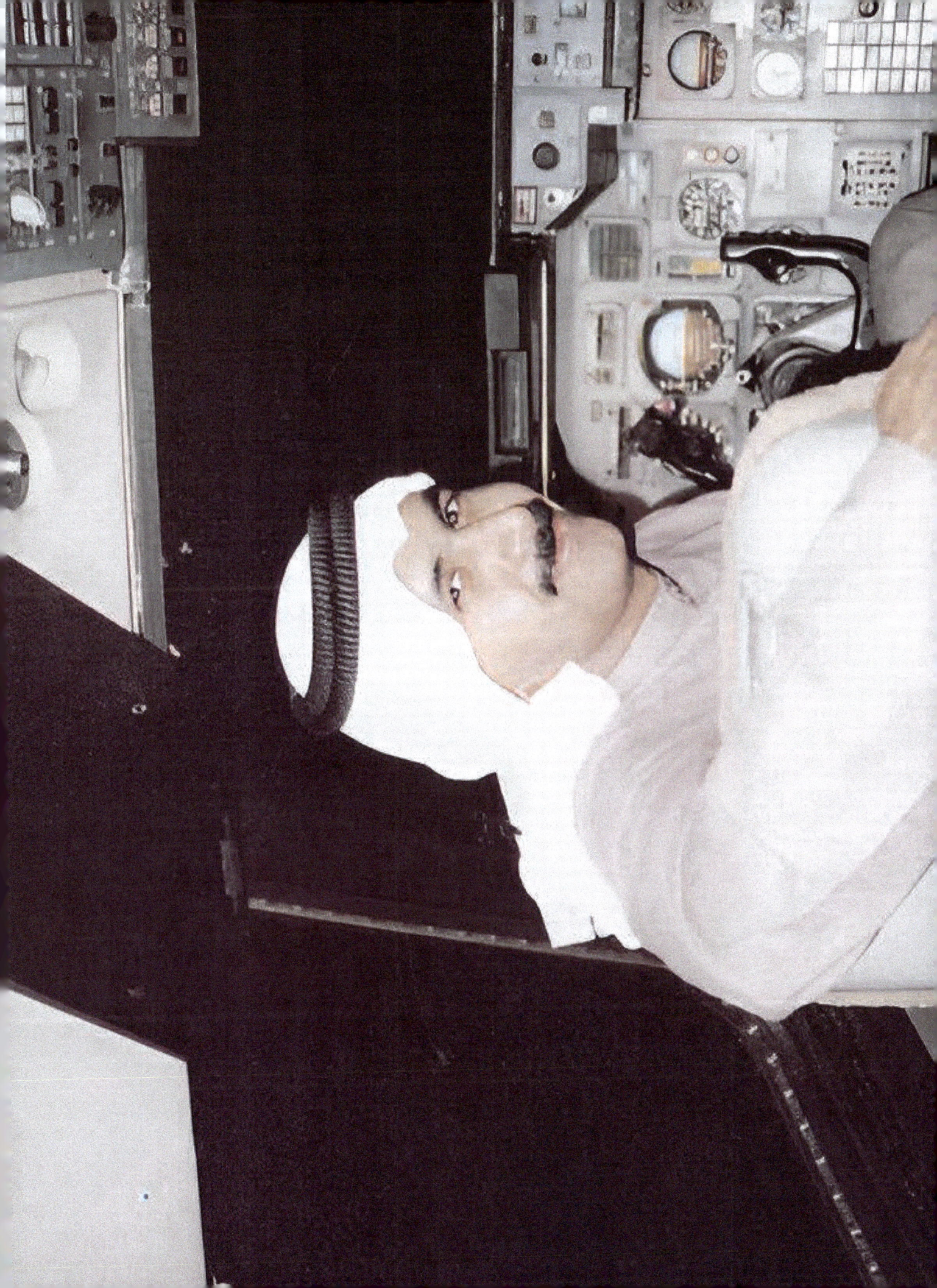

بسم الله الرحمن الرحيم

عندما عزمتُ على تدوين تفاصيل رحلتي المميزة حول العالم بطائرتي الخفيفة ذات المروحية؛ فإن هدفي حينها لم يكن مجرد سرد الجوانب المثيرة من مغامرتي، وتحفيز المشاعر والخيال فحسب، فهذا ليس ميدان تخصصي. إنما أردتُ بالأحرى أن أُسلّط الضوء على بعض الدروس الحقيقية التي أتيحت لي فرصة تعلّمها بينما أحلق في ظلام دامس فوق المحيط، وأتأمل عظمة وقدرة الله عز وجل. واكتسبتُ بصيرةً وخبرة كذلك بتعاملي مع صنوف مختلفة من البشر حول العالم، وبتعرضي لمواقف مباغتة تطلّبت رد فعل سريع من طرفي.

لست هنا بصدد الوعظ أو التعليم، إنما أبغي أن أروي ما فعلتُ وما رأيتُ ببساطة. لعلّ مغامرتي تحمل في طياتها فائدة للشباب في جميع أنحاء الوطن العربي. فقد تُرسّخ لديهم قناعةً بأن الإيمان بالله جلّ جلاله والتوكل عليه، مع قوة الإرادة والعزيمة، هي أمور تجعلنا قادرين على تحقيق الكثير مما نظنّه صعبًا أو حتى مستحيلًا. ورغم كوني فخورًا بما حققته في رحلتي؛ فلا يمكنني أبدًا أن أغفل حقيقة أنني ما كنت لأتم رحلتي تلك لولا تشجيع والدي ودعمه المادي لي، وما حظيت به كذلك من تأييد الكثيرين في وطني الحبيب قطر، وتشجيع أصدقاء آخرين من الكويت ودول خليجية أخرى.

بصفات الشجاعة والجسارة والعزيمة والصبر. أما الثاني فكان تشجيع الشباب الآخرين على سبر اغوار إمكاناتهم والوصول إلى ما يبتغون بتنمية قدراتهم وطاقاتهم المتنوعة.

بعون الله وحفظه؛ نجح حمد في أن يكون مثالًا وقدوة ونموذجًا أصيلًا طوال رحلته، ليس فقط عبر تحطيم الأرقام القياسية وخوض المغامرات وما إلى ذلك، بل وبإثبات حبه لوطنه قطر وشعبه.

أيُّ أبٍ تغشاه هذه المشاعر والأحاسيس، التي امتزجت بفهم أبوي حكيم وخوف حذر من وقوع مكروه، كان سيفعل مثلي بهذا الموقف. توجب عليَّ دعم ابني في رحلته لتحقيق هدفه الطموح، من منطلق حبي له ومن منطلق حبه لوطنه وشعبه، وذلك اتباعًا لقوله تعالى: "وَقُلِ اعْمَلُوا فَسَيَرَى اللَّهُ عَمَلَكُمْ وَرَسُولُهُ وَالْمُؤْمِنُونَ".

***

كما أنني كنت مؤمنًا كذلك بقدرات حمد ومدى حرصه. لقد تفهَّمت كذلك دوافعه، وشاركتُه إياها. نشأ حمد في عالم يُعتبر فيه المسلم أدنى من الآخرين وعاجزًا عن تحقيق أي إنجاز بارز. وهكذا لم يكن لحمد سبيل للتفوق على الآخرين إلا بفضل تخصصه واجتهاده. كان حمد يرغب في إثبات لإخوانه العرب والمسلمين خاصة، والعالم أجمع أننا كمسلمين قادرون على أن نحقق أسمى الأحلام ونبلغ أعلى المراتب، وقد رأى بعض الناس ذلك ضربًا من التفاهة، كما أيدنا البعض الآخر بصدق.

لقد أدركنا أن مثل هذا الإنجاز سيعود على الأمة الإسلامية بفائدة عظمى، حيث سيشجع جميع المسلمين على الاقتداء بهذا المثال والسعي لتحقيق أحلامهم.

وهكذا بدأ الحلم يتحول إلى واقع، إذ سرعان ما أظهر ابني براعة فائقة في مجال الطيران، الذي طالما كان مولعًا به طوال حياته. تدرب على قيادة طائرات بوينغ 707، وعندما أنهى دورته التدريبية، عاد إلى قطر ليصبح مساعد طيار على طائرات L-1011S مع شركة طيران الخليج، وذلك بعد حضوره دورات تدريبية في هونغ كونغ وبريطانيا. ثم عُيّن نائبًا لمدير إدارة الطيران المدني في قطر بعد عام واحد من ذلك، وواصل عمله مع شركة طيران الخليج على طائرات بوينغ 737 بالتزامن مع ذلك. حصل حمد على منحة أكاديمية لمواصلة دراساته في إدارة الطيران في جامعة إمبري ريدل بالولايات المتحدة، وذلك في عام 1985، وحقق إنجازات بارزة.

أذكرُ أنه حتى قبل سفره إلى الولايات المتحدة للحصول على منحته الدراسية الأخيرة؛ كان حمد يفكر بالفعل في السفر حول العالم بطائرة خفيفة. طارده هذا الحلم طوال عامين. وعندما سنحت له الفرصة، عاد لمناقشتي بهذا الأمر، وقد شجعته ودعمته وأيَّدت طموحه وتفانيه. وما إن حلّ الصيف حتى اشترى حمد طائرته الخفيفة، وبدأ في التخطيط والإعداد لهذه الرحلة. طالما كان حمد يشاركني طموحه وأفكاره، وهكذا أخبرني أنه قرر بدأ رحلته في صيف 1986، بمطلع عطلته الصيفية، حيث سيكون الطقس مناسبًا أكثر للطيران. لكن في أكتوبر من العام 1985، أخبرني أنه غيّر خطته بسبب الظروف الجوية المعاكسة في الشرق الأقصى. وبدوري؛ أيدتُ هذا القرار ودعوتُ الله أن يعينه ويحفظه.

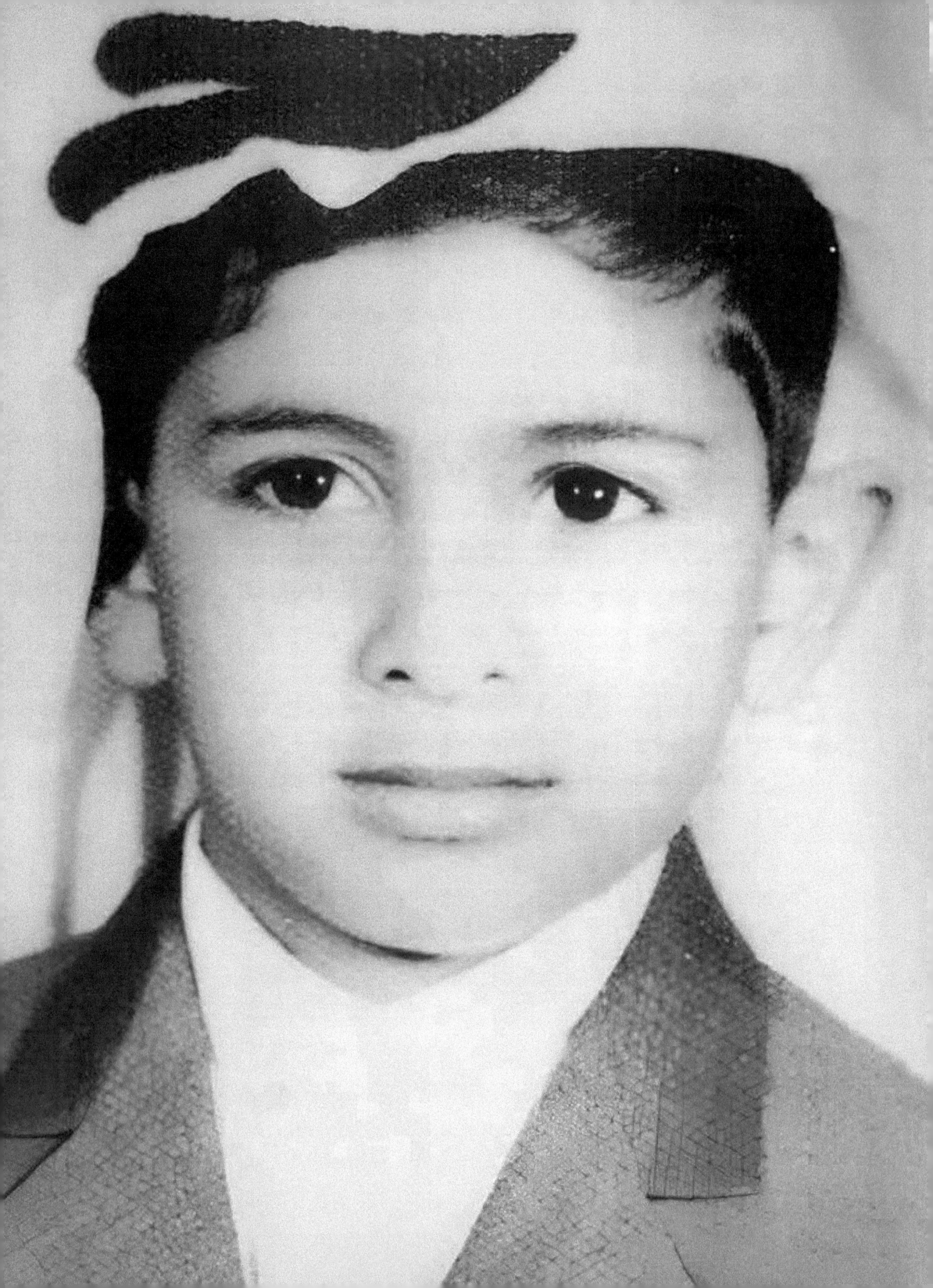

من المثير للاهتمام أن زملاءه في المدرسة الثانوية ما زالوا يتذكرون شغفه الدائم بصوت الطائرات بينما تهبط وتقلع في مطار الدوحة الدولي، القريب من مدرسته.

باختصار، كان حمد مولعاً بالطيران والطائرات، وأخذ يمضي معظم وقته في التفكير بعالم الطيران، حتى أنهى دراسته الثانوية عام 1977. ثم حصل على منحة لدراسة الهندسة في الولايات المتحدة الأمريكية. طالما كانت الهندسة خياره الثاني في الحقيقة، أما خياره الأول؛ فإنه الطيران بالطبع، لكن عائلته رفضت السماح له بهذا التخصص لما ينطوي عليه من مخاطر وصعوبات.

لكن شغف حمد بالطيران بدا غير محدودًا، وكان دائم الشكوى من أنه يرى صور الطائرات التي يحبها ويسمع أصواتها في كل صفحة من كل كتاب يقرأه.

واصل حمد مطاردة هواية طفولته في الولايات المتحدة، حيث اعتاد الذهاب إلى المطارات لمشاهدة الطائرات هناك، ووجد أنه من الصعوبة بمكان أن يتخلى عن طموحه اللا محدود الذي استمر لأكثر من ستة عشر عامًا. لذلك، عاد حمد ليناقشني بشأن تغيير تخصصه إلى الطيران؛ قوبل طلبه بالقبول والتشجيع منا جميعًا هذه المرة، لأننا أدركنا أنه لا مفر له من مطاردة شغفه، وأنه يحب الطيران ولا سبيل لتخليه عن حلمه.

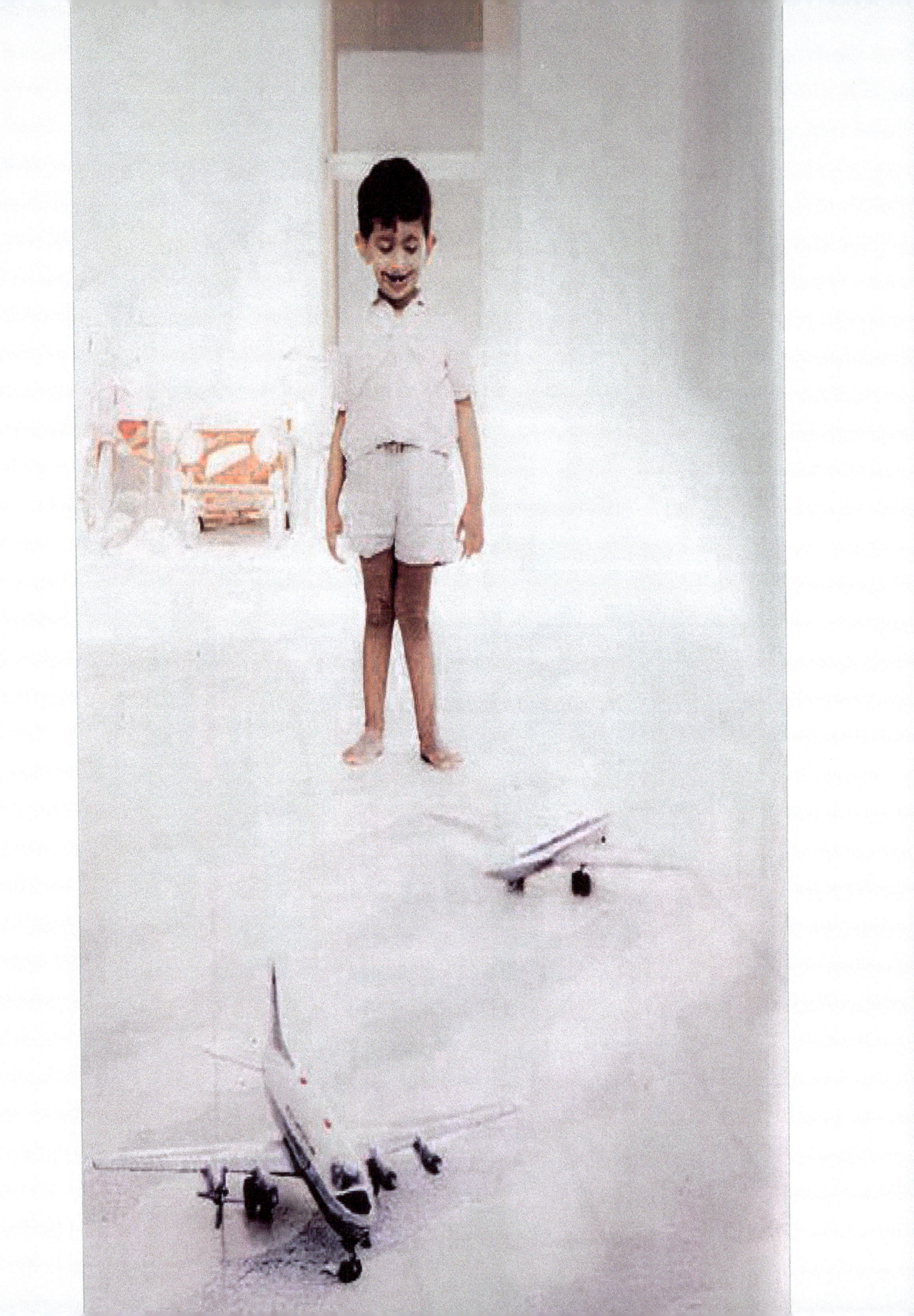

مقدمه

بقلم والدي الشيخ علي بن جبر آل ثاني

وُلد ابني حمد في أواخر ١٩٥٩. وما إن تجاوز عامه الأول، حتى لاحظنا اهتمامه الشديد بمراقبة الطائرات التي تعبر سماء الدوحة وغيرها من المدن. لقد أسره منظر الطائرات، ومضى يطالعها بدهشة واهتمام.

ازداد شغف طفلي الصغير بهوايته المميزة مع تقدمه في العمر. كان يصر على الذهاب يوميًا تقريبًا إلى المطار القديم والبقاء هناك ساعات طويلة لمشاهدة الطائرات بينما تُقلع وتهبط. كانت تلك اللحظات أسعد أوقات يومه، واعتاد أن يسترجع كل تفاصيل ما رآه عند عودته إلى المنزل.

كانت معظم ألعابه نماذج طائرات تعمل بالبطاريات. عندما كبر حمد قليلًا، تحولت هوايته إلى بناء نماذج بلاستيكية صغيرة للطائرات، ثم طلائها بألوان مختلفة. وهكذا؛ سرعان ما كوّن مجموعة مميزة من الطائرات. ثم شرع يرسم الطائرات، ويجمع صورها أو يلتقط صورًا فوتوغرافية لأية طائرة يراها.

حمد علي جبر آل ثاني

رحلتي حول العالم

العدد الأول -الدوحة - قطر 1989

"رحلتي حول العالم"

20 ديسمبر 1985 - 29 يناير 1986

بسم الله الرحمن الرحيم

رحلتي حول العالم

رحلتي حول العالم

بقلم حمد علي جبر آل ثاني